PROPOSAL+PRESENTATION

トッププレゼンターが教える

「企画書とプレゼン」実践講座

マーケティングプランナー
須藤 亮 SUDO RYO

日本実業出版社

はじめに

　私は、広告代理店のマーケティングプランナーを主たる職業として、半世紀近くやってきました。自分がやってきたことは何だったのか、改めて考えてみると、ずっと「企画とプレゼン」をやってきたと言ってもいいのかなと思います。

　さらによく考えてみると、企画の内容は、その都度、時代の要請に応じて変えてきたし、プレゼンの仕方も、PC（パソコン）やパワーポイント、Zoomなど小道具の発展で変わってきたわけですが、その中で変わらないものもあるなと気づきました。
　それは何かと言うと、「どう企画書化し、どうプレゼンするか」という企画を伝える作法です。
　そこで本書では、企画書とプレゼンに関し、私が辿り着いた過去も未来も変わらないであろう、そのやり方を解説することにしました。

　それには、「リボンフレーム」というメソッドを使います。
　リボンフレームは、人間の拡散思考と集約思考を企画作業にうまく当てはめたフレームで、博報堂が一時グローバルの仲間にプランニングの基本として自社のテキストブックに載せていたものですが、これが企画書づくりにあたってシンプルでよくできていました。

　私はそれを使いながら、グローバルでの数々のプレゼンをこなしてきました。そして、そこに自分なりの工夫を加え、リボンフレームの中心に「ロジック3点セット」を持ってくる構造にしました（次頁の図参照）。
　メソッドをバージョンアップしたというより、元々リボンフレームに含まれていた暗黙知を明示知化した、と言ったほうが正確でしょうか。
　そうすると、企画書のつくりがみるみる強固で説得力あるものになっていきました。

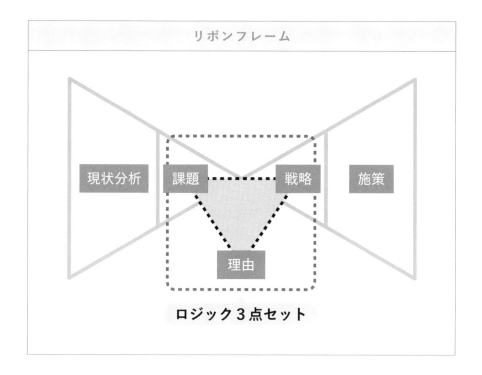

リボンフレーム

| 現状分析 | 課題 | 戦略 | 施策 |

理由

ロジック3点セット

　何故だろうと改めて考えてみると、これは人間の脳の働きをうまくシミュレーションしているからだろうと思い至りました。

　その一つは、リボンフレームが導いてくれる拡散思考と集約思考。人間は企画するとき、この2つの思考法を上手に使うと良い企画ができます。

　もう一つは、ロジック3点セットがもたらしてくれるロジック構築法。これは、「人間はどう言われると説得されるのか」について、ビジネスの幾多のシーンで私が見てきたものを簡略化し、図式化したものです。

　結論的に言うと、改訂したリボンフレームは、企画する脳と説得される脳を上手にシミュレーションしたことがいつでもどこでも通用する秘訣、なのだと思います。

　ですから、少々大げさですが、これで企画書をつくり、プレゼンすれば"鉄板"、というのが本書のメッセージになります。

その上で、本書ではビジネスの色々な事案にどう対応するかについて数々の事例を取り上げました。

　例えば、街の本屋さんの再生、地方創生案件、新商品開発案件、自動車のグローバル事案など。

　また、僭越ながら、国内外で何百回も企画、プレゼンをこなしてきた私の経験を踏まえ、企画と企画書とプレゼンに関するティップス（＝ヒント）を、できるだけ数多く具体的に列挙しました。

　例えば、企画の発想法、企画書の体裁、頭を良く見せる工夫、プレゼンスキルのアップのための練習法などです。

　結果として、少々頁数が多くなってしまいましたが、目次を体系的にまとめ、どこから読んでもいいように工夫しました。

　また、性急な読者のために、最も効果的な本書の吸収の仕方として、筆者が推奨する「とっておきのヒント」を最後に用意しましたのでご覧になってください。

　この「企画書とプレゼン実践講座」が、あなたの成長、日々のお仕事に役立てれば幸いです。

　2021年8月吉日

　　　　　　　　　　　　　　　　　　　　　　　　　　須藤　亮

目 次

第2章

企画のまとめ方
リボンフレームを活用する

第3章

リボンフレームを用いた「企画のまとめ方」 2つの演習

第4章

企画書の書き方の実践的テクニック

第5章

企画書の書き方の演習
「街の本屋さんの再生」を企画書にする

第6章

企画書を最大限にアピールする
プレゼンとは？

第7章

企画書をプレゼンするための
実践的テクニック

第8章

4つの企画書範例
プレゼン原稿のレクチャー

カバーデザイン／萩原睦(志岐デザイン事務所)
本文デザイン・イラスト・DTP／初見弘一　編集協力／山本櫻子
著者エージェント／アップルシード・エージェンシー

RIBBON
FRAME

企画書とプレゼンは
「一体のもの」と考える

Business Proposal & Presentation

序-1 「企画」「企画書」「プレゼン」は 一本の流れで行うもの

POINT　企画書があってプレゼンがある

　世の中、プレゼンにフォーカスが当たっているようです。グーグル・アラートでチェックしてみると、毎日のようにプレゼンの関連記事が出てきますし、ビジネス書でもプレゼン関連の本が溢れています。

　しかしよくよく考えれば、**プレゼンは最後のパフォーマンスであり、その前に企画書がないと成立しません。**

　たとえしゃれたプレゼンの手法を身につけたとしても、中身がなければ聞き手には空虚に響いてくるだけです。

　本書は、**企画書とプレゼンは一体のもの**として、初動の企画の仕方とまとめ方、企画書の書き方、そしてプレゼンのやり方の実践方法を、順を追って解説します。

　また、それらを**一本の作業の流れ**として、「リボンフレーム」というシンプルでわかりやすいメソッドを活用して説いていきます。

　さらに、**私の長年の経験に基づくティップスや数多くの事例を掲載**しましたので、実務への応用や展開がしやすくなっています。

　従って、この種の業務が発生したらもちろんのこと、作業がスタックした時も、作業フェイズごとの解説や多くの実例を参考にしていただき、日頃のあなたの業務に役立てていただけたら幸いです。

■ 企画からプレゼンまで一気通貫でやってみる

　ところで、実際の業務では、企画書を全部一人でつくったりプレゼンも全部自分でやったりするケースは少ないかもしれません。多くの場合、企画作業やプレゼンは協働作業で行います。

　例えば、あなたがまだジュニアレベルで一部の担当でしかないとしても、そうした作業に関わるのであれば、日頃から全体を見る目を養うのは大切なことです。

　そうした視点を持てば、作業中にどこかロジックが通らない部分や屋上屋を重ねている部分などが可視化でき、そこを指摘したり、改善したりできます。

　また、シニアマネージャーなどプレゼン全体を統括する立場の方ならなおさらこの視点は必要です。また全体の作業フレームを見る目を養うことで、部下や他部署の人間に適確な指示ができるようになります。

　そして、**もし企画書もプレゼンも自分が主役としてトライできる機会があったら、是非積極的にトライしてみてください。**

　何故そこを強調するのかと言うと、本書で身につくことはそこで一番真価を発揮するからです。

　企画、企画書、プレゼンは、それぞれ独立した業務ではなく、深く絡み合っています。

　本書はそこに一本芯を通し、作業を進める講座なので、最初から最後までやってみることで、その良さを実感できるはずです。

　どんな小さなプレゼンでも、全てを自分でやるのはなかなか大変なことです。しかし、**その経験は必ず自分を磨き、自己成長を促します。**

　私は周囲に信頼を得るようになってからは、企画も企画書作成もプレゼンも意図して全て自分でやるようにしました。

　もちろん、クリエイティブやメディアなど専門性が必要な部分は、彼らと連

係しますが、それでも業務の全体統括や各パートの方向付けの役割は最後まで自分がやりました。その結果、どんな大きなプレゼンも臆せず自信を持ってできるようになり、周囲もそれを認めてくれました。

　つまり、この本で学んだことを通じて、企画からプレゼン作業までを全部一気通貫でやることが私のお勧めしたいことであり、これこそがあなたを成長させるカギなのです。

Check it!

☑ 本書は企画、企画書作成、プレゼンまでを一本の流れとしてそのノウハウを取りまとめている。

☑ 「リボンフレーム」というシンプルでわかりやすいメソッドでそれが可能。

☑ できれば企画からプレゼンまで一気通貫でやってみることをお勧めする。

序-2 企画書とプレゼンの実務は世界共通

> **POINT** 実は、企画書の構造は皆一緒

　私は、マーケティングプランナーとして、約40年、日本に限らず、アメリカ、ヨーロッパ、東南アジア、中国、インド、中東など様々な国や地域の企画とプレゼンの現場を渡り歩いてきました。

　そこから学び確信したこと。それは、**説得の基本は人類皆同じ**なんだということです。

　企画とプレゼンの実務の本質は、中身のある提案とその説得にあります。まず、**しっかりとした企画書があって、それをプレゼンターが説得力を持ってプレゼンする**。これに尽きます。

　では、しっかりとした企画書とはどういうものかというと、目的の達成に向けて現状をしっかり分析・整理した上で、本質的な課題が抽出されていること。そしてそれを解決する戦略が明快に提示され、それに基づく施策やアクションプランが合理的に整理され、提案されていることです。

　例えば、次頁の図は、私が関わったインドでのT自動車現地法人にプレゼンした時の企画書の目次（便宜上抜粋しています）ですが、構造は**与件（オリエンテーションの確認）**、**現状分析（市場環境分析）**、**課題（我々の課題）**、**戦略（戦略の方向性）**、そして**施策（具体施策）**の順となっています。

　このように、企画とプレゼンの実務は、日本で行っていることと基本的には同じで世界共通です。

　本書では、私の色々な国の実務に関わった経験を基に、その手順を可視化しました。

　今、社会の構造が激変しています。GAFAMなどの巨大プラットフォーマー、SNS、越境ECなどグローバル化がどんどん進み、情報はネット上で世界中を

企画書の
構造は
世界共通

Todays' Agenda

Recap of Client Brief（オリエンの確認）

Overall Market Analysis（市場環境分析）

Our Task（我々の課題）

Strategic Direction（戦略の方向性）

Action Plan（具体施策）

駆け巡ります。

　世界経済が地球規模で絡み合ってくる以上、今後もグローバル化の動きは止みません。今後我々の仕事の多くは、地球人全体を相手にするようになるのは間違いないでしょう。

　本書でそのノウハウを身につければ、あなたは世界中どこででも、素晴らしい企画書を引っ提げてプレゼンができるようになるはずです。

Check it!

- ☑ 企画書の基本構造は世界共通。
- ☑ それは現状分析 → 課題の抽出 → 戦略の立案 → アクションプランという流れ。
- ☑ 本書のノウハウを身につければグローバルに立ち回れるようになる。

序-3 企画書とプレゼンは合わせ技で一本取る

| POINT | 企画書とプレゼンは密接不可分 |

　企画書提出だけで業務終了という習慣は少なくなりました。私の関わった仕事は、一部のお役所以外は、企画書をつくったら必ずプレゼンをしました。

　プレゼンは広告代理店の専売特許と言われていた時代もあります。しかし、今は社内だろうと社外だろうと、企画書を提出して終わりという時代ではなく、企画書ができたら必ずプレゼンまでやります。

　そんな時代に、昔から経験を積んでいた私たちのやり方は一日の長があるかもしれません。我々は、企画書とプレゼンをどのように設計しているかと言うと、まずは企画書ありきというのは間違いないです。

　どんなに素晴らしいプレゼンでも、企画の中身がなければ基本は通らないからです。

　では、素晴らしい企画書ができたとして、企画書の棒読みでプレゼンを行えばいいでしょうか?

　それもだめですよね。**棒読みでは相手の心を動かすことはできません。**

　企画書は基本、文字で構成されていますので、こちらの意図がどうしても伝わり切れない部分や誤解して伝わる部分が出てきますし、静的なオブジェクトなので熱が伝わりにくいです。

　ですから、プレゼンによって内容を正しく伝え、その静的なオブジェクトに魂を入れる。その結果、相手の心を動かし、企画書が輝いて見えるようになる。そんなプレゼン経験を私たちは何度もしました。

　企画書とプレゼンは合わせ技で、相手から一本取るということなのです。

　そして、**合わせ技は連係が大事**。言い換えれば、**企画書とプレゼンは密接不可分**です。

　静的な企画書に、プレゼンで言葉を飾り、抑揚をつけ、パフォーマンスで活を入れること。この辺の呼吸をどう掴むかも本書で学べます。

Check it!

- ☑ 企画書とプレゼンは合わせ技。
- ☑ まずは中身のある企画書をつくる。そして、プレゼンでその熱を伝え、相手から一本取る。
- ☑ 要は、企画書とプレゼンは密接不可分。

序-4 企画書は戦略を要(かなめ)に置くべし

| POINT | 中身のある企画書には戦略がある |

　中身のない企画書ほど空虚なものはありません。いくら熱弁しても相手を説得することはできないでしょう。

　では、中身のある企画書とはどういうものなのでしょうか？

　それは、戦略があることです、
「戦略」を辞書でひいてみると、「目的を達成するための計略、策略、計画、方策」とあります。一方、企画書の「企」という字は、「くわだてる」「たくらむ」という意味で、戦略と同義なのです。

　ですから、**企画書は戦略のある提案書ということ**になります。

　何故、企画書において、戦略の部分が最も大事なのでしょうか。

　ビジネスも一種の戦いです。戦いに勝つために、様々な情報を集め、何を拠り所にし、どういう方針で戦っていくかという正しい方向付けを行い、その上で実行計画をつくるということが必要です。これを**戦略プランニング**と言います。

　博報堂でも、新しい企画プレゼンの作業が発生すると、**この戦略の部分をどう導き出すかが必ず議論の焦点になります。**通常、ストラテジック・プランニング部門の分析の後、一同で戦略を考え決定します。

　プレゼンでは、戦略をいかに印象付け、相手の腹に落とすかが最も重要と考えるからです。

　そして戦略が決まると、その考え方を基に制作に入り、メディアや販促などの各専門チームが様々なアイデアを出して実行案を考え始めます。この時はできるだけ考える幅を広く持ち、数を出していきます。

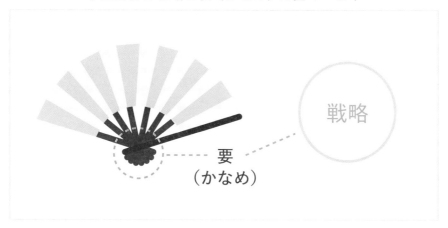

要
（かなめ）

戦略

Check it!

- ☑ 戦略が企画書の要（かなめ）になる。
- ☐ 博報堂の会議でも一番大事なのは、戦略を決めること。

序-5 戦略のある提案書をつくる 簡単メソッド「リボンフレーム」

POINT 企画には集約思考と拡散思考の両方が必要

　人間の思考法として、「**集約思考**」（= convergent thinking）と「**拡散思考**」（=diversion thinking）という2つの対照的な手法があります。

　これは、アメリカの心理学者ギルフォードが名付けたもので、それによれば**集約思考**とは、たくさんの情報の中から共通点を見出し、要点を抽出し、目的に合う結論を一つに絞っていく思考法です。

　ですので、集約思考では、**情報と情報の関係性を理解し、意味のレベルで整理する**ことが求められます。

　一方、**拡散思考**とは、思考するテーマに対して要素や選択肢を思いつくだけ出力していく思考法です。拡散思考では、思い浮かんだモノ・コトの質よりも量を重視し、既成概念に囚われず自由に発想を行います。「これはちょっと違うかな？」と感じるようなアイデアも歓迎し、**柔軟に幅広くアイデアを出力すること**が重要です。「もうこれ以上は出てこない…」と感じたところから**もうひと踏ん張りする**ことで、普段の思考領域を超えたところまで思考を広げることを目指します。

■2つの思考法をフレーム化したのがリボンフレーム

　企画を推し進めるにあたって、この集約思考と拡散思考を効果的に活用していくことが有効ですが、実はこれを取り入れたのが「**リボンフレーム**」です。リボンフレームとは、集約思考と拡散思考によって出てきた扇を2つ並べ、要（かなめ）で結んだものです。

　そして**要の真ん中に来るのが戦略**です。これに沿って企画作業を進めていくのです。

　その作業プロセスをかいつまんで言うと次のような流れになります。

〈 リボンフレームの概念図 〉

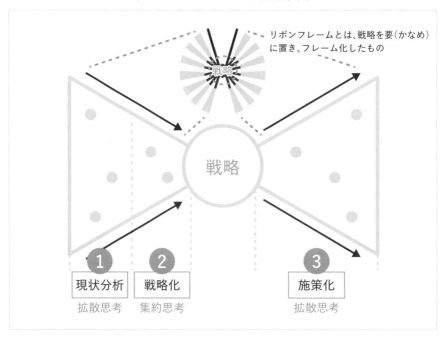

リボンフレームとは、戦略を要（かなめ）
に置き、フレーム化したもの

戦略

戦略

① 現状分析　② 戦略化　　　③ 施策化

拡散思考　集約思考　　　　　拡散思考

（1）企画の初動時は依頼事項（＝与件）を基に、まずは様々な角度から情報
　　を集め分析します。この時必要なのは拡散思考です。
（2）次に戦略化のステージです。この時は最適な戦略に導くために、分析の
　　結論を一本化します。これに必要なのが集約思考です。
（3）さらに、戦略が決まったら、それを具現化する施策を考えなければなり
　　ません。この時には再び拡散思考を実践します。

　この初動・戦略化・施策化に集約思考と拡散思考を使い、リボンフレームに
沿って進めていけば、誰でも簡単に良い企画書がつくれるようになるのです。

Check it!

☑ 企画作業には、集約思考法と拡散思考法の双方が必要。
☑ それを取り入れ、戦略を中心に置き、フレーム化したのが「リボンフレー
　ム」。

序-6 リボンフレームの中核「ロジック3点セット」

| POINT | 戦略はどう生み出されるのか |

　企画において「戦略」をどう生み出すのかは重要なポイントです。

　リボンフレームでこの戦略の部分を拡大すると、「課題」「戦略」「理由」の3つの要素から成り立っています（次頁の図参照）。

　戦略は、漫然とした分析だけで生まれるものではありません。集約思考の結果、まず何が課題かを絞り込んでから生まれるものです。

　つまり、課題があって戦略がある。そういう順序になります。

　では「課題」とは何かというと、目的達成のため乗り越えるべきモノ・コト、あるいは解決すべきモノ・コトです。

　23頁で、「戦略」とは目的を達成する策略と言いましたが、別の言い方をすると「課題を解決する考え方」でもあるのです。

　そして、3つ目の要素「理由」とは、文字通りその戦略を設定した理由。何故それが課題を解決するのかという根拠です。理由を明記することで、そこに説得力が生まれます。ちなみに、英語では「ラショナル」といって、欧米系の人は特にそこを重視する傾向があります。

　この3つの関係を筆者は「ロジック3点セット」と名付けました。

　詳しくは、第1章14［〈企画書の基本要素〉戦略③］（60頁参照）の部分で詳しく述べますが、ビジネスの推進には、必ずこのロジック3点セットがついて回ります。例えば、次のような日常の会話を考えてみてください。

上司：「あれ、どうなってる？」（＝課題）
部下：「あっ、それはこれこれこういう考え方で進めてます」（＝戦略）
部下：「何故かというと、こういう事情なもんで」（＝理由）

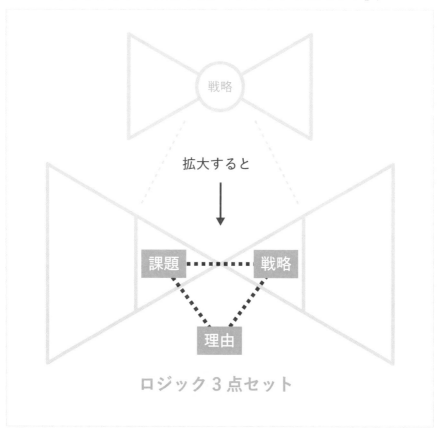

〈 リボンフレームの中核が「ロジック3点セット」〉

戦略

拡大すると

課題 ⋯⋯⋯ 戦略

理由

ロジック3点セット

こんなやり取りが頻繁に行われていますよね。

リボンフレームの中核は、実はこのロジック3点セットをどう構成するかで成り立っています。だからこそ、これをクリアすれば説得力ある企画書ができるのです。

Check it!

☑ 戦略の前に課題があり、また戦略には理由がある。

☑ 課題・戦略・理由の3要素を「ロジック3点セット」と言う。

☑ 日頃のビジネスは、会話レベルでも必ずこの3要素で推進される。

序 - 7

本書のコンセプト

POINT　　3つのスキルを同時に磨く

　本書の目的として、以下の**3つのスキルを同時に習得する**ことが根底にあります。

　1つ目は、企みのある企画を作成する**戦略プランニングスキル**です。

　これは企画の中身、すなわち、分析とそれに基づく戦略と提案内容を磨く部分です。

　これにより、一貫性があり、かつ説得力のある企画の組み立てが可能になります。第3章で2つのとっつきやすい演習を取り入れました（113頁〜参照）。

　2つ目は、**企画書作成スキル**です。

　企みのある企画をどう文字や図表で表現するか。そこにはそれなりの技術が必要です。

　しかし、企画の考えや概念の落とし込み方さえわかれば、さほど難しいものではありません。それを本書で学べます。ここも戦略プランニングスキルと継続したテーマで、第5章に演習を取り入れました（197頁〜参照）。

　3つ目は、**プレゼンテーションスキル**です。

　本講座では、決して派手ではありませんが、上記の戦略プランニングとそれに基づいた企画書作成をベースにした、一本芯の通ったしっかりしたプレゼンを実践できるスキルを学べます。

　改めて言いますと、本書に通底するコンセプトは、「企画書とプレゼンは一体のものとして考える」です。

　そして、上記の3つのスキルは各々密接に絡み合っており、**まとめて身につけることで真のプレゼン力が身につく**のです。

3つのスキルを同時に磨く

| 1 戦略プランニングスキル | 2 企画書作成スキル | 3 プレゼンテーションスキル |

まとめて身につけることで
真のプレゼン力が身につく

Check it!

☑ 本書では戦略プランニング力、企画書作成力、プレゼン力の3つのスキルを同時に磨ける。

序 - 8

本書の構成

> POINT　本書の第1章〜第8章のポイントを紹介

第1章／一つ上の企画書とは、アイデアとは？

　まず最初は良い企画書の極意を3つ解説します。その上で、企画書に必要な基本要素を解説します。また、企画の芯となるアイデアの発想の仕方も解説します。

第2章／企画のまとめ方〜リボンフレームを活用する〜

　博報堂で一時、グローバルでのプランニングメソッドとして掲げた「リボンフレーム」を、筆者がさらに進化させ、今まさに活用しているものを解説します。

　リボンフレームは4つのステップで構成されており、非常にシンプルですが汎用性が高く、もちろんグローバルに通用するメソッドです。4つのステップは「現状分析」「課題」「戦略」「施策」からなります。

第3章／リボンフレームを用いた「企画のまとめ方」　2つの演習

　「喫茶店でのコンサル」、「街の本屋さんの再生」という2つの具体事例をあげ、リボンフレームを用いた企画のまとめ方を演習形式でわかりやすく説明します。

第4章／企画書の書き方の実践的テクニック

　5枚のプロットが企画書の骨格になります。ここでは、企画書作成のプロセスごとに全体の勘所、各頁のつくり、全体の調整の仕方を解説します。また、企画書の色々なフォーマットや作業が進むヒントについても紹介していきます。

第5章／企画書の書き方の演習〜「街の本屋さんの再生」を企画書にする〜
　再び「街の本屋さんの再生」の事例を使って、企画書にどう落とし込んで
いくのかについて詳述します。

第6章／企画書を最大限にアピールするプレゼンとは？
　でき上がった企画書を使ってプレゼンのノウハウを詳述します。相手を説
得するプレゼンについて、その勘所とプレゼンターの心がけを解説しま
す。

第7章／企画書をプレゼンするための実践的テクニック
　筆者の長年の経験から得た、プレゼン力を上げるカギ17項目を伝授しま
す。元々プレゼンが苦手だった私が、どうやって博報堂のトッププレゼン
ターとなったのか、また世界に通用するプレゼンの技術とは何かを、この
章で具体的に紹介します。

第8章／4つの企画書範例〜プレゼン原稿のレクチャー〜
　4つの事例を使って、企画からプレゼンまでどのように作業していくかを
わかりやすく解説しています。最後にプレゼン原稿付きの企画書として提
示し、実践に役立つ総仕上げとしました。

Check it!

☑ 事前に、どの章が「何を伝えているか」を知っておくと、効率良く効果
　的に学べる。

第1章

一つ上の企画書とは、
アイデアとは？

Business Proposal & Presentation

1-1

〈企画書の原点〉
企画書は"熱を伝える"提案書

POINT　企画書は英語で言うと、Proposal（＝提案）

まずは、右の2つの企画書の表紙を見てください。

日本語の企画書では、「〜のご提案」とありますが、英語では「〜 Proposal」ですね。"Proposal"とは「提案」を意味します。つまり、**企画書とは提案書で**す。

これは往々にして忘れがちなことなのですが、企画書は提案である以上、**相手に働きかけるもの**だということ。それが企画書の原点です。

ですから、そこには熱がなければいけません。通り一遍の文字を連ねただけではだめなのです。

本書では、企画書でもプレゼンでも、この熱の伝え方を重視しています。

例えば、本章4［〈一つ上の企画書の極意〉心を動かすストーリーがある］（40頁参照）、あるいは、第6章2［〈プレゼンの勘所〉相手を勇気づける気持ちで］（221頁参照）など、**熱を込める手法を随所に解説**します。

次頁の下図は、海外の日系自動車会社にプレゼンした企画書の表紙です。表紙からして最初からやる気満々という感じですよね。

良い企画書には、伝えたいことを相手に正しく伝えるためのビジュアルのテクニックも駆使されています。これについては、［第4章 企画書の書き方の実践的テクニック］（139頁）で詳しく記述しています。

Check it!

☑ 企画書は提案書である。

☑ そこには**熱**がなければならない。企画書とプレゼン両方で熱を伝える。

株式会社△△　御中

第○期　広報戦略のご提案

202×年×月×日
株式会社　○○○

〈 インドの日系自動車会社に行った企画書の表紙 〉

STRATEGY & CREATIVE PROPOSAL

※一部割愛しています。

1-2

〈一つ上の企画書の極意〉
シンプルである

POINT	世の中、案外シンプルじゃない企画書が多い

　ここからは、私が考える一つ上の企画書の極意3つをお伝えします。

　まず1つ目は、シンプルであることです。

　例えば、200頁を超える企画書があったとします。これは良い企画書と言えるでしょうか。私はそうではないと考えます。

　私が中国やアジアなどの新興国で経験してきたのは、そういう分厚い企画書が多いことでした。分厚い企画書が何をアピールしたいかと言うと、つまり量が多い＝投入時間が多い＝それだけ一生懸命考えてきた＝だから評価されるだろう、という思い込みが提案者側にあるのです。

　しかし、実際には外注して付け足したものが羅列してあったり、内容を自分たちでコントロールしてないことが見え見えだったりすることもあります。

　また、提案自体がよくわからないものも多いです。何故かというと、提案が、これもある、あれもあるという並列型になっているからです。

　現状分析にしても、アクションプランにしても、**書けば書くほど一貫性やプライオリティは希薄**になります。

　そのくらいわかっていると人は言うかもしれませんが、実際は、提案にあたって色々調べてきたことをアピールしたくなるのも人情で、そんな企画書で溢れています。

　しかし、それではこちらが言いたいことが相手に伝わるかというと難しいでしょう。

■シンプルとは「言いたいことの絞り込み」と「平易な表現」

　では、企画書がシンプルであるとはどういうことでしょうか？

　それは、**言いたいことが絞られていて、相手にわかりやすく表現されている**ことです。

　例えば、頁数が少ない、頁ごとに見やすい、デザインが統一されているなど、

〈 シンプルで平易な表現例 〉

4-2. どう参入するか

すなわち、商品開発の課題は

睡眠をホリスティックに支援する
ブランドを考える

見え方のシンプル化が一つです。

　その辺のテクニックは［第4章 企画書の書き方の実践的テクニック］（139頁〜参照）で詳説しますが、ここでは、**表現の平易さを強調**したいと思います。

　上の図は、第8章39［「R社の新商品開発」の企画書］（308頁参照）の企画書の1頁です。課題の部分の書き方の一例ですが、非常に少ない字数で構成されていますね。

　さらに、本文の上に、「すなわち、商品開発の課題は」と添えています。

　実はこれが大事なのです。

　何故なら、後述しますが、企画書は提案後、独り歩きするからです。その時にプレゼンを受けない人でも、**論の骨子や展開方法がシンプルでわかりやすいことが大事**で、それを踏まえ、企画書を構成することが大事なのです。

Check it!

- ☑ 世の中、案外シンプルじゃない企画書が多い。
- ☑ シンプルであるとは、言いたいことを絞り込み表現をできるだけ平易にすること。

1-3

〈一つ上の企画書の極意〉
ロジカルである

　一つ上の企画書の極意の2つ目は、ロジカルであることです。

　これも新興国で経験したことですが、戦略と施策が連動していないことが多々ありました。

　その原因は、前半部分を書く人と後半部分を書く人が違うからです。それぞれが勝手に自分の言いたいことを書いているわけで、これでは聞き手は提案が頭に入らないどころか、クライアントが怒り出してしまう場面もしばしばでした。

　論旨が一貫してないのは論外です。論旨の一貫性は企画書の原則であり、心してかかるべきことです。

　しかし、組織のセクショナリズムやチームの中にお山の大将が複数いたりする時など、日本でもありがちなことなので注意する必要があります。

■論点集約がなされ、展開も首尾一貫していること

　それが達成された上で、ロジカルとはどういうことでしょう？

　現状分析の部分では最初、拡散思考をします。ですので、複層する事象がたくさんあり、それをそのまま並列に並べているだけだと何が重要なのかがわからなくなってしまいます。

　そこで、**プライオリティや因果関係を整理して見せることによって、論点が集約され脳の合点がいく**。人間の頭は、そういう構造になっています。

プレゼンで
受け手が感じる
よくあるケース

あれ？前半で言ってた
ことと違うよなあ…

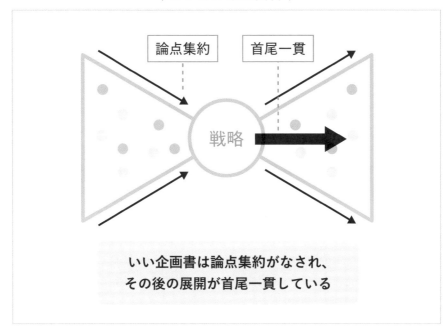

〈 ロジカルな企画書 〉

論点集約　　首尾一貫

戦略

いい企画書は論点集約がなされ、
その後の展開が首尾一貫している

よく政府や役所でやる論点集約とはそのことを踏まえているのです。

こうして整理した企画書は反論を許しにくいのも特徴です。集約作業とは、その理屈を考えることでもあり、それが企画書に併記されているからです。

また、論点集約があると、その後の展開施策がこれに沿ってなされているかどうか、という基準を相手に与えることができます。それがまた、受け手にとってわかりやすく、説得されやすい役割を果たすのです。

ここまで述べればリボンフレームに似ていると気づいたかと思いますが、基本は**リボンフレームで作業を進めること**で、**極めてロジカルな企画書になる**のです。

Check it!

☑ 論旨が一貫してない企画書は論外。分厚い企画書は新興国に多い。

☑ ロジカルとは論点集約されていること。ロジカルだと人は腹落ちする。

☑ リボンフレームで作業を進めれば論旨一貫が担保される。

1-4 〈一つ上の企画書の極意〉
心を動かすストーリーがある

POINT　　筋書の工夫で心を動かす

　〈一つ上の企画書の極意〉の３つ目は、「心を動かすストーリーがある」です。
　ここでいうストーリーとは、企画書を物語風にしろということではありません。**企画書のちょっとした筋書きの工夫で相手の心を動かす**という意味です。
　具体的な手段として、３つを挙げます。

（1）課題から戦略の部分を決然と記述する

　企画書の要（かなめ）は戦略と述べましたが、その部分です。**戦略、すなわち問題解決の考え方のところを明快につくり、決然と記述する**。それがしっかりしていれば、相手の心を動かすことができるはずです。

（2）現状分析にチャンスの視点を入れ込む

　現状分析の部分には、マイナス要素だけでなくプラスの要素を入れ込みましょう。例えば文脈として、「こういう悲観要素があるが、こういうポジティブな要素もある」と構成し、プレゼンするのです。**相手を１回凹ませて、次に希望を述べることで人間の心は動きやすくなります**（第５章４［〈企画書づくり〉現状分析］の問題点と機会の部分（201頁参照）でそのコツを述べています）。

（3）施策部分にイメージや効果を入れる

　最後の施策で**ゴールイメージを夢想させる**ことが有効です。
　例えば、**施策をビジュアル化**してより夢が膨らむようにするとか、この戦略を実行することでこんな効果があるでしょう、と**ポジティブ効果を実証するような数字やデータを入れる**などです。

　もちろん、案件によって全部入れ込むことは難しい場合もあるとは思いますが、この３つのポイントを覚えておくと何かと役に立ちます。

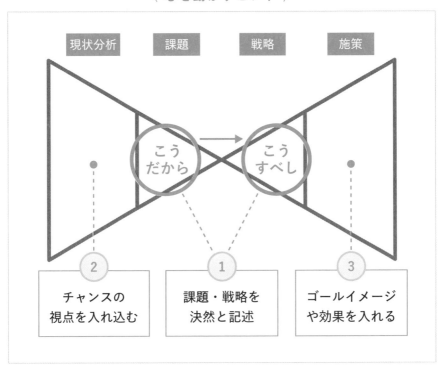

現状分析　課題　戦略　施策

こう
だから　→　こう
すべし

② チャンスの
視点を入れ込む

① 課題・戦略を
決然と記述

③ ゴールイメージ
や効果を入れる

このようにドラマタイズの要素を取り入れる効果は何かというと、相手が自分事として捉え、共感を得られやすいことです。それに付随して記憶に残りやすいというメリットもあります。

Check it!

☑ 心を動かす企画書の筋書きの工夫として次の３つがある。

☑ ①課題から戦略を決然と記述する、②現状分析にチャンスの視点を入れ込む、③施策部分にイメージや効果を入れる

1-5

〈社内企画書の観点〉
良い企画書は決裁が通る（社内）

POINT　意思決定者に必要な情報がコンパクトに整理されていること

　企画書にも、社内向けと社外向けがあります。

　一つ上の企画書の極意として３つのポイントを挙げましたが、社内か社外かによって、その力加減が微妙に異なります。

　まず、社内用企画書から見ていきましょう。

　43、44頁の図は、ある会社の広報戦略の企画書の表紙と１頁目の例ですが、まさに社内の取締役会に上げる企画書となっています。

　特徴的なのは、**表紙上に主なスケジュールを挙げ、社内決裁のプロセスと、「今この時点です」と明記している**こと。そして、１頁目に審議事項という頁があって、今日はこのポイントを審議し決裁して欲しいという**エグゼクティブ・サマリー**を提示しています。

　その後の企画書の展開は、現状整理、課題、第○期戦略、具体的な取り組みとシンプルに整理してあります（これについては［第４章 企画書の書き方の実践的テクニック］で紹介していますので、ここでは詳細は割愛します）。

■ 機能的なつくりが大事

　このことからわかるように、要は、**意思決定者に必要な情報がわかりやすくコンパクトに整理されている**ことがまず第一です。

　社外用と違って内部での展開なので、**機能的なつくりになっていてわかりやすさと読み取りにあまり時間を取らない**ことが重要です。

　また、社内フォーマットに則って展開すれば良く、当然プレゼンでの派手なパフォーマンスも不要です。

　先に述べた企画書の極意のうち、**①シンプル、②ロジカルを重視**、の２点を**意識**しましょう。

```
┌─────────────────────────────────────────────┐
│  ┌───────────────────────────────────────┐  │
│  │ ┌──────────┐          令和〇年〇月〇日 │  │
│  │ │ 重要書類 │                  広報室   │  │
│  │ └──────────┘                           │  │
│  │                                        │  │
│  │                                        │  │
│  │        第〇期　広報戦略（案）          │  │
│  │                                        │  │
│  │     ┌────────────────────────────┐     │  │
│  │     │   〈 主なスケジュール 〉   │     │  │
│  │     │ 〇/〇：広報委員会          │     │  │
│  │     │ 〇/〇：理事会（意見交換）◀ 本日 │  │
│  │     │ 〇/〇：役員会              │     │  │
│  │     └────────────────────────────┘     │  │
│  └───────────────────────────────────────┘  │
└─────────────────────────────────────────────┘
```

■ 機能的なつくりになるための工夫

　社内用企画書で機能的なつくりに見せるには、次のような工夫をしてみてください。

● 決裁段取りとスケジュールを入れる

　どこのどの部分を審議し決裁するのか、スケジュール上の位置付けはどうなっているのかを入れる。

● エグゼクティブ・サマリーを入れる

　本体が長い、あるいは若干複雑という場合は、エグゼクティブ・サマリーを入れましょう。エグゼクティブ・サマリーは冒頭だけで説明し切れるようにつくることが肝要です（第4章20［〈最終調整〉サマリーのつくり方2種］180頁参照）。

1　審議事項（エグゼクティブ・サマリー）

■ 前回、令和〇年〇月〇日実施の広報委員会で戦略の方向性の審議を行い、
　①戦略の目的は第〇期広報戦略を継続し、戦略のコンセプトを「〇〇」と
　　すること
　②令和〇年度以降の準備を進めること
　が決定された。
■ 今般、現状の課題を踏まえ、第〇期広報戦略の骨子を次のとおり定める。

前期戦略のポイント		第〇期　広報戦略の骨子
1. ＿＿＿＿＿	➡	戦略コンセプト：〇〇〇〇
2. ＿＿＿＿＿		〈アクションプラン〉
3. ＿＿＿＿＿		①＿＿＿＿＿
		②＿＿＿＿＿
		③＿＿＿＿＿

Check it!

☐ 社内向け企画書は、意思決定者に必要な情報がわかりやすくコンパク
トに整理されていることが重要。

☐ 具体的には、「決裁段取り」と「スケジュール」を入れること。また、冒頭
に「エグゼクティブ・サマリー」をつくること。

1-6

〈社外企画書の観点〉
良い企画書は採用される（社外）

POINT　　一つ上の企画書の極意をＡ３一枚に込めた事例

　一方、社外向け企画書とはどういうものでしょうか。

　次頁の図は、中国の日系自動車会社にプレゼンした企画書の一部をデフォルメしたものです。

　得意先の依頼事項は、中国という大市場で中長期的な技術ブランディングを開始するという内容でした。それをどうやれば良いかというもので、いわゆる骨太な考え方を求められていました。

　そこで事前の擦り合わせを入念に行い、得意先のフォーマットに合わせたＡ３サイズの企画書を作成しプレゼンすることにしました。その結果、この企画は途中、形は少しずつ変わっていったものの、トントン拍子で階段を上がって決裁されました。

　うまくいった要因は、一つ上の企画書の極意である「シンプル」「ロジカル」「心を動かすストーリーがある」の３つがうまく表現できていたからです。

　まず、「シンプル」ですが、Ａ３サイズは俯瞰で見えやすいので、その特徴を活かしたつくりにしました。つまり、各パートで**言いたいことの絞り込みと平易な表現**を心がけたのです。

　次に「**ロジカル**」ですが、課題と戦略、特にKPIが見えやすいこと（この場合は、米国第〇世代レベルに引上げると設定）に留意し、またPDCAがしっかりできることもアピールしました。

　最後に、「**心を動かすストーリー**」ですが、企画の芯として日本と中国、両国でよく知られている有名なキャラクターを使って、全体を統合して見せるという見せ方にしました（キャラクター名はここでは版権上割愛します）。

　キャラクターのイメージが強力だっただけに、イベントや広告など**施策のゴ**

ールイメージが見えやすかったことが寄与しました。

　このような工夫でうまくいったというお話です。しかし当然ながら、企画書づくりの前の段階では**事前に得意先にヒアリングを含めて入念な擦り合わせを**行い、これなら得意先のトップの決裁が通るという双方の納得感のもと、順次ブラッシュアップし、出来上がったというのが本当のところです。

Check it!

☑ 採用される社外用企画書は、「シンプル」「ロジカル」「心を動かすストーリーがある」という３拍子が揃っている。

1-7

〈企画書の基本要素〉
世界共通は5項目でOK

POINT　わかりやすく言えば、5枚でOK

ここからは、企画書の基本要素について説明していきます。

私は色々な国の色々な会社に向けて企画書を作成してきましたが、その項目立てから言うと、世界共通で構わないということを知りました。

それは、⓪オリエンテーションの確認（与件）、①現状分析、②課題、③戦略、④施策です。全部で5項目なので、企画書上に1項目1頁で展開した場合、5枚で済むという意味です。また、1枚にこの5項目を納めても、それはそれで立派な企画書になります。良い企画書は、論点集約とその後の展開が首尾一貫していると前述しましたが、どんなに長い企画書でも、基本構造はこのように組み立てられているのです。

もちろん、「今回は課題が与件に含まれているので必要ない」とか、「戦略が大事なので施策の詳細はいらない」など、色々なシチュエーションがありますから臨機応変に対応する必要がありますが、この基本構造はゆるぎません。ですから、企画書業務が発生した時の作業のフレームはこれで良いのです。

〈 企画書の基本構成 〉

Check it!

- ☑ 企画書の構成は5項目。それは世界共通。
- ☑ その上で、シチュエーションに合わせて臨機応変に対処すべし。

1 – 8

〈企画書の基本要素〉
冒頭に「オリエンの確認」頁をつくる

POINT　まず、企画の目的を明確にするため

　では、ここから企画書の必須5項目に沿って、それぞれの作業に求められる要素について説明します。

　まず、「**オリエンテーションの確認**」（**与件**）です。企画に入る前に、我々広告業界では通常オリエンテーションというものを受けます。

　オリエンテーションとは、プレゼン用語として古くから使われており、「クライアントの依頼事項を聞く場」という意味です。通称オリエンと言います。

　一口にオリエンと言っても、そのレベルは千差万別です。最も丁寧なのは、依頼者自ら課題や戦略仮説まで提示している場合です。

　それと対照的なのは、ペライチのペーパーで数行だけ書いたもの。中にはペーパーもなく、口頭でオリエンしただけのケースもありました。

　次頁の図は第8章の4つの企画書範例の一つ［K市の地方創生］で使うオリエンテーションペーパーの例です。

　企画書では、**冒頭にこの**「オリエンテーションの確認」頁をつくって、依頼事項をしっかり確認し、この企画が何を目的に展開されているのかを読み手の記憶に残します。

　「依頼事項の確認」、もしくは「オリエンテーションの確認」という見出しでもOKです。

　何故、冒頭にこの頁を入れるのかと言うと、**企画の目的を明確にするため**です。この企画書の全てはここから始まっているよ、ということを明確にすることで、それは**その後展開する企画のロジックやアイデアに首尾一貫性を持たせる起点**となります。

　逆に言うと、目的が書いていなかったり曖昧だったりする企画書にはパワーがありません。拠り所がないので、施策がふらふらしてしまうわけです。

K市地方創生戦略策定業務提案仕様書

１.委託業務名
　K市地方創生戦略策定等業務

２.業務目的
　K市においては、今後継続的な人口減少が見込まれる中、将来にわたって地域経済が維持できるよう、交流人口の拡大や移住の促進など様々な施策が進行中である。
　これとは別途、本市においては、多様な地域資源の魅力をアピールし、地域経済を潤す戦略的かつ効果的に実施される地方創生戦略を策定することとしている。
　本業務はその基本となる考え方、戦略を募るものである。

３.業務内容
①現状・課題の分析
　様々なオープンデータを基に必要な要素を抽出し、分析を行うこと
②戦略の提案
　骨太な戦略を重視し、施策は概要を記入のこと
　施策のブラッシュアップは採用された後で、市と共同で行う
③企画書の作成及びプレゼンテーション
　上記に基づいた戦略と施策の提案としてまとめ、企画書として提出、プレゼンテーションを行うこと

４.スケジュール
　本告知から３週間後の〇月×日
　ただし、１日前に企画書をPDF形式で送付のこと

５.企画提案参加要件
　次に掲げる要件を満たしていること（以下省略）

Check it!

☑ 冒頭にオリエンの確認頁をつくること。

☑ 目的を明確にすることで、その後の企画展開の起点となる。

1-9

〈企画書の基本要素〉現状分析①

我々は今どこにいるのか?

POINT 　現状把握には3C分析が基本

次に、現状分析のやり方を紹介します。ポイントは以下の2つです。

- 色々広範囲に探ること
- それをわかりやすく整理すること

ここでは、マーケティングでの現状分析のセオリーを紹介します。最も基本的なのが、「3C分析」です。

3Cとは、"Customer(市場・顧客)""Competitor（競合）""Company（自社）"のことです。

ただし、私の経験でいうと、"Customer"については**市場は市場、顧客は顧客**に分けて調べたほうがベターです。

何故なら、**市場**は文字通り業界の規模や時系列的な動きを探る重要な分析項目であり、一方、**顧客**もTarget Customerといって現顧客や顧客候補の量や質的検証を行ったり、行動やタッチポイントを調べたりするこれまた重要な項目だからです。

さらに、これに少し範囲を広げて、**メディア**や**社会動向**などを加えたりもします。

これらの項目に分解しつつ現状分析していくことによって、**大事なことを見落とさず、くまなく探ることができる**わけです。

また、もう一つ重要な視点としては、与えられたテーマに直接関連しなくても、**社会事象や全く違う業界、あるいは会社の事例**で「あっ、これは今回の企画作業に参考になるんじゃないか?」というものを洗い出すことです。

■Where are we？／我々は今どこにいるのか？

では、こういった現状分析から結局は何を導き出せば良いのでしょうか。

私がユニリーバ・ジャパンに出向してアイスクリームのブランド・マネージャーをしていた頃、オランダの本部より「日本事業の劇的な成長を図る戦略と

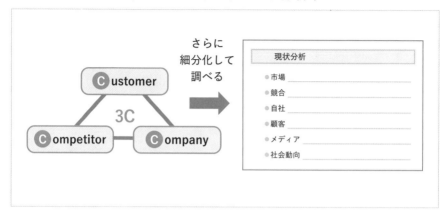

〈 マーケティングの3C分析 〉

さらに
細分化して
調べる

Customer

3C

Competitor　Company

現状分析
● 市 場
● 競 合
● 自 社
● 顧 客
● メディア
● 社会動向

施策を考えよ」という指令がありました。

　当然、メンバー皆で知恵を出し合ってその企画書を作成したわけですが、本部より責任者が来日してプレゼンすることになり、その前にご挨拶としてお茶を飲む機会がありました。

　その時、歓談で自然に日本のアイスクリーム市場の話になり、その中で相手の口から第一声に出てきた言葉が「Where are we?」です。つまり、「私たちは今どこにいるんだ？」という問いかけをしてきたのです。

　今でも鮮明に覚えていて、現状分析の結論を聞く問いかけとして非常に良い言葉だと思いました。

　つまり、**色々とくまなく分析した結果、我々は今どういう場所に立っているのか？** とシンプルだけど、**包括的に問われた**わけです。

　企画書では現状分析のサマリーとしてこれを記述することもあります。

　第8章21［「K市の地方創生」の現状分析④］（285頁参照）を参考にしてみてください。

Check it!

☑ 現状分析はまずは３C分析で行う。くまなく、漏れなくが大事。

☑ 「Where are we ?」は現状分析の結論を端的に表す良い言葉。

1 – 10 〈企画書の基本要素〉現状分析②
問題点と機会、SWOT分析

くまなく探す分類法として、３Ｃ分析などをあげましたが、これをこのまま現状分析として並列に挙げ連ねても、何が問題なのか、どこに問題解決のチャンスがあるかが見えづらいです。

そこで、現状分析で見出した項目を、「**問題点**」と「**機会**」に**分けて整理して**みると、**課題や戦略への立脚点が見出しやすくなります。**

よくありがちなのが、問題点ばかりを羅列するパターンですが、これは企画化にあたって凹んだ部分を解消する方向に向きがちになり、アイデアの範囲を狭めてしまいます。問題点ばかりでなく、機会＝ポジティブな部分も十分に洗い出すことによって、より広範囲に企画の方向性を見つけ出しましょう。

別の言い方として、「pros & cons分析」「ポジ／ネガ分析」などと言うこともありますが、基本的には同じことです。

■SWOT分析とは？

また、SWOT分析といって、問題点と機会の部分をさらに内部要因、外部要因に分解し、**強み（Strength）、弱み（Weakness）、機会（Opportunity）、脅威（Threat）に分けて見る**という手法もあります。前者２つが内部要因、後者２つが外部要因です。

より細分化して見ることで、課題や戦略につながる発見の可能性が広がるということです。

しかし、４象限に分けることによって何か意味性が見つからないなら、あえてそこまでやる必要はないでしょう。あくまで、くまなく分析してきたという見え方に資する分析法です。第8章「Ｋ市の地方創生」の現状分析②③では、このSWOT分析での表記を取り入れているので参考にしてください（283、284頁参照）。

〈 問題点と機会に分けて整理すると課題や戦略が見出しやすい 〉

現状分析

● 問題点

_____

_____

● 機会

_____

_____

さらに細分化して整理

SWOT 分析

	プラス要因	マイナス要因
内部環境	強み (Strength)	弱み (Weakness)
外部環境	機会 (Opportunity)	脅威 (Threat)

Check it!

☑ 現状分析で「問題点」と「機会」に分ける目的は、課題や戦略の立脚点を見出しやすくするため。

☑ 問題点と機会をさらにブレイクダウンしたのが SWOT 分析。

1 – 11 〈企画書の基本要素〉課題
良い問いを立てる

POINT　　課題の設定次第で戦略が左右される

　現状分析や問題点と機会の分類という作業を経て、何を導き出すか？　それは**解決のための「良い問い」の設定**です。これを「課題の設定」と言います。

　依頼事項は様々でしょうが、一朝一夕には戦略や施策を見出せないものが多いことが普通です。だからこそ、現状をくまなく分析するのであって、**重要なのは企画提案に向けて何を発見し、何を課題に設定したかです。**

　ここでは、Y市（架空）のシティプロモーションの例を挙げましょう。

　シティプロモーションとは地方創生政策の一環で、その街特有のブランドを築き多くの人を惹きつけ地域活性化を図る活動のことです。

　まず悪い課題設定の例ですが、「ITの力でY市のグッドイメージを発信し、多くの人に知らしめる」としました。戦略は、「独自のバイラル動画を作成しSNSで拡散」になります。

　一方、良い課題設定の例は、「ITの力でY市既訪問者を応援団にする」です。その結果、戦略は「メルマガで既訪問者とつながり、彼らにY市の魅力を発信してもらう」としました。

　何故、後者が良い課題設定なのでしょうか。

　ここで、シティプロモーションの究極の目的を考えてみましょう。

　それは街の良いブランドイメージをつくることに留まらず、**Y市への往来者を増加させ、地域活性化を図ること**にあります。

　つまり、後者のほうが本質的な問題解決につながる課題設定となっているわけです。

　余談ですが、笑えないのは実際、多くの自治体が前者の課題設定で、皆似たようなことを実施しており、その結果、無駄な予算投下となっていることです。

　このようにしっかりと現状分析をした結果、**適切な課題設定によって適切な戦略が導き出される**のです。

　そして企画書には、分析の結果、**何故この課題設定なのかをしっかり書くことが必要**です。

Check it!

- ☑ 集まった情報から、本質的な問題解決のための良い問いを立てる。それが課題の設定。
- ☑ 課題の設定次第で戦略が左右されてしまう。
- ☑ 企画書には、「何故この課題なのか」という理由も明記する。

1 - 12

〈企画書の基本要素〉戦略①
我々は何をすべきなのか？

POINT 　　戦略とは、戦いに勝つための全体的な考え方

　次に、課題を解決する戦略についてお伝えします。

　戦略の語源は、軍事から来ています。18世紀にK.クラウゼウィッツは「多くの戦闘を連合して戦争の目的を達成するのが戦略であり、一つの戦闘を計画し実施するのが戦術である」と定義しています。

　つまり、**戦略とは、戦いに勝つための全体的な考え方**です。

　現状分析では、「Where are we?」に答えられることが大事と述べましたが、戦略は、「What should we do?」＝「我々は何をすべきなのか」を端的に記述することです。

　また、戦略の後には具体的な施策（アクションプラン）が続くので、アクションプランをまとめた考え方を提示する必要があります。

　序章で、戦略は企画書の要（かなめ）になると言いましたが、この戦略こそ、受け手が最も聞きたいところなのです。

　以下に戦略頁の書き方のポイントを挙げます。

（1）課題に対する答えとして記述する

　課題は、「問いの設定」ですから、戦略はそれに対する答えという位置付けで記述することになります。

　プレゼンの流れで言えば、「課題は○○なので」それに対し、「だからこういう考え方で解決します」という対応関係を明確に記述します。

（2）施策（アクションプラン）を束ねる考え方の明示

　施策（アクションプラン）は戦術なので、戦略はそれらを束ねられる包括的で概念的な記述がしっくりきます。

　では、具体的な戦略の書き方は？　と言うと、企画テーマによって千差万別

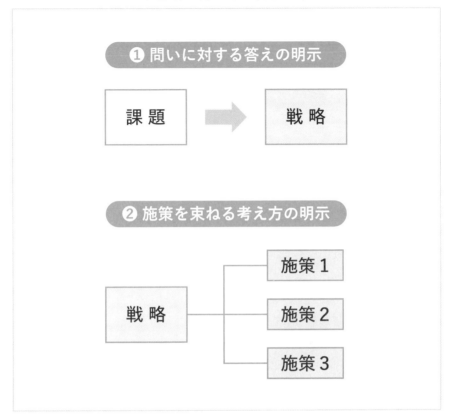

❶ 問いに対する答えの明示

課題 ⇒ 戦略

❷ 施策を束ねる考え方の明示

戦略 ─ 施策1 / 施策2 / 施策3

です。第8章の4つの企画書範例（258頁〜）などを参考にしてください。

Check it!

- ☑ 戦略とは戦いに勝つための全体的な考え方。
- ☑ 戦略の書き方のポイントは、「課題に対応する答えとして記述する」「アクションプランを束ねるように包括的、概念的に記述する」の2つ。

1 – 13

〈企画書の基本要素〉戦略②
戦略の理由で相手は腹落ちする

POINT　上司への報告を具体的にイメージしてみる

　この講座の特徴は、リボンフレームで企画書を流れるようにつくるというところにあります。そのリボンフレームの中核が「課題、戦略、理由」の**ロジック3点セット**であることを序章6（27頁参照）で触れました。中でも戦略の理由、すなわち**「何故、この戦略なのか？」**をしっかり**明示する**ことが大事です。

　わけのわからない企画書の多くは、パッチワークで戦略がないと言いましたが、さらにいうと戦略が妥当かどうかしっくりこないものが多いです。

　何故しっくりこないのかというと、いざ戦略を提示しても、その合理的理由がわからない場合が往々にしてあるからです。

　その時、一番合点がいくのが、戦略の理由を併記することです。**理由があることによって相手は腹落ちする**のです。

　序章6で上司と部下の会話例を挙げましたが（27頁参照）、もう少し具体的な会話を想定してみましょう。

上司：「そう言えば、A社長へのつけ届けの件、どうなってる？」（＝課題）
部下：「ああ、それなら総務のB子さんに任せてます」（＝**戦略**）
上司：「えっ？」
部下：「というのも、彼女、A社長の好みに詳しいんで」（＝**理由**）
上司：「なるほど、わかった！」

　非常にシンプルですが、これで上司は安心するわけです。

〈 上司と部下の会話 〉

A社長への
つけ届けの件、
どうなってる？

ああ、それなら
総務のB子さんに
任せてます

というのも
彼女、A社長の
好みに詳しいんで

上司　　　　　　　　　部下

Check it!

☑ 企画書には、「何故この戦略なのか」を明示する。

☑ それによって、相手が腹落ちする。

☑ 上司と部下の会話をイメージすればわかりやすい。

第1章

一つ上の企画書とは、アイデアとは？

1-14 〈企画書の基本要素〉戦略③
ビジネスには「Why」がつきまとう

POINT　　**ロジック3点セットを通す**

ロジック3点セットの部分は大事なので、もう一回おさらいしましょう。

上司と部下での会話にもあったように、ビジネスの意志決定はどうなされるのかというと、一言で言うと、「Why」がつきまといます。

まず何らかの課題（テーマ）があって、それに対し「○○しましょう。何故なら××だから」、あるいは「××なので、○○しましょう」と提案と理由が大概セットになっています。

企画書上でもそれを明示しようというのが筆者の考え方であり、この**課題、戦略、理由の関係を「ロジック3点セット」と名付けました**（次頁の下図参照）。

すなわち、まず**課題**があって、それに対応する**戦略**が右側に来る。それと同時に、戦略の根拠となる**理由**も根っこにきちんと書かれている。

企画プレゼン作業ではこのことをいつも意識するのがとりわけ大切です。三者の関係が明確であれば、ロジックは絶対通っていることになるからです。

Check it!

- [x] ビジネスの意思決定には、いつも「Why」が付きまとう。
- [ ] それを構造化し、課題、戦略、理由の関係を可視化したものを「ロジック3点セット」と言う。

〈 ビジネスの意思決定の流れ 〉

〈 ロジック3点セット 〉

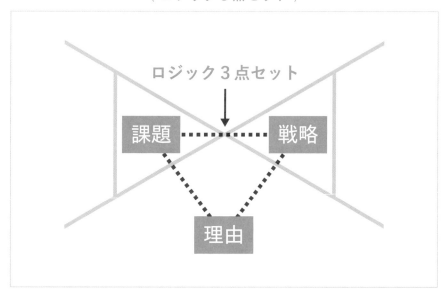

1 – 15

〈企画書の基本要素〉施策

施策は複数あって構わない

POINT　　重要なのは戦略に基づいているか

ここでやることは、戦略を具体的な施策に落とし込むことです。

企画作業では複数の案が出てきます。**重要なのは、戦略に基づいたプランで
あるかどうか**です。後述しますが、リボンフレームを使えば、その取捨選択は
容易にできます。

予算の関係から、さらに絞り込む必要もあります。その場合は、その施策を
実施した場合の**効果とフィジビリティ**（実際に実施できるか、しやすいか）を
選択基準とします（第2章16［〈リボンフレーム・STEP4〉施策①］108頁参
照）。

次に、有力案をいくつか絞った上で、どう提案するかを考えます。施策案同
士の関係を見てください。

もし、それぞれが有力であれば、並列して提示しましょう。

依頼主は一点決め打ちされるよりも、選べるオプションがあったほうが選択
しやすいとも言えます。広告会社のクリエイティブ提案は、複数案を提案する
のが普通です。

ただし、この**並列型の場合は、各案の特徴、優劣などを明示することが重要**
です。（第2章17［〈リボンフレーム・STEP4〉施策②］110頁参照）

■ 施策を立体化する

一方、複数の施策を実施することで効果を上げる提案もあります。

その場合は、各々の戦略上の役割や位置付けを明示し、**立体的に展開する記
述**にします。

**立体的とは、施策それぞれが活動展開をしながら、全体として効果を上げて
いくことを依頼主にイメージさせるやり方**です。

キャンペーンなどはその例で、クリエイティブ、メディア、BTL※、デジタ
ルなど各施策が連動し合い、効果を上げます。

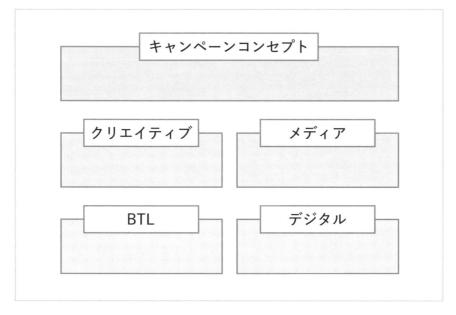

〈 施策を俯瞰して見せる 〉

そんな時、施策をそれぞれ簡潔に記述していく前に、キャンペーン・コンセプトとして、施策を束ねるテーマを掲げて表す方法もあります（上図参照）。

また、活動がある程度長期にわたる場合、時系列にどう展開されるのかを表わすのも有効です（第2章18［〈リボンフレーム・STEP4〉施策③］111頁参照）。

※Below the Lineの略で、イベント、屋外広告、店頭での販売促進活動などを指す。

Check it!

☑ 戦略に符合していれば、施策は複数あって構わない。
☑ 複数案の処理の仕方は2つある。一つは並列型。その場合はメリット・デメリットを明らかにする。もう一つは立体型。各施策を俯瞰して表すようにする。

1 – 16

〈企画のタネ：アイデア〉
アイデアとは何か？

POINT　　アイデアとは原石

　ここからは、企画書の「企画」部分について、どのような発想や作業で生み出していくのかを解説します。

　企画書と言うからには、そこに企画がなければならないですよね。企画が良いと、クライアントから「良いアイデアだね」と承認を得られやすくなります。

　この企画とアイデアの関係をよくよく考えてみると、**アイデアが原石だとしたら、企画書はそれを実行可能な設計書の域まで落とし込んだもの**です。

　博報堂の制作の作業で言えば、まずはアイデア出しから始め、良いアイデアが出るとそれを膨らませたり、ブラッシュアップしたりします。アイデアから生まれた企画のタネを磨きながら、実現できる域まで高めていくわけです。

■「だったらいいな」をカタチにする

　つまり、企画とはまずアイデアありきで、最初の段階ではより直感的、刹那的に浮かぶものと言えるでしょう。いわゆる妄想に近いものです。言い換えると、**「だったらいいな」「だったら面白いな」**という**自分勝手な発想から始まる**ものでもあります。

　ですので、企画業務を推し進めるには、こうしたアイデアが出やすい**妄想脳に仕向けることが大事**ということになります。

■ 初動で浮かんだことを記録する

　アイデア出しで大事なタイミングは最初です。最初のタイミングが、最も自由なイメージを膨らませやすいからです。博報堂にいた頃は、得意先からオリエンがあった直後に営業や制作と喫茶店に行き「こんなのがいいんじゃないか」とよく話したものです。

　この勝手な妄想とも言える最初のタイミングで出てくるアイデアは、意外にそのまま提案につながることもありました。企画を考えるのに様々な制約はつ

アイデアは原石
それを磨き、企画書にする

アイデア　　　　　磨く　　　　　企画書

きものですが、最初の段階ではあまり制約に捉われずに浮かんだものを素直に引き出しているからでしょう。勝手だけど夢のあるプランだったりするのです。従って、**最初に浮かんだことは是非記録しておきましょう。**

　また、普段から妄想脳に仕向けておくのも有効です。私は広告代理店の人間だったので幸か不幸か、この妄想脳がかなり鍛えられたと思っています。
　続いて、そのあたりの体験からアイデアの浮かべ方について解説します。

Check it!

☑ アイデアは自分勝手な妄想から始まる。
☑ 初動で浮かんだことは意外に大事なので記録しておく。

1 - 17

〈企画のタネ：アイデア〉

どうすると発想が浮かぶか?

POINT　脳を発想しやすく仕向ける

企画の原石であるアイデアをどう発想するかの話をします。

アイデアと言っても降って湧いてくるわけではありませんし、頭が真っ白の状態から生まれてくるわけでもありません。

ではどう生まれてくるかというと、**まず規定課題があって、その回答に関連する情報を脳が集め始める**という中で、アイデアは生まれてくることになります。

■ 発想を刺激するワザ３例

脳が活発に発想を始めるためには、脳に適切な刺激を与えることです。刺激の与え方は大きく３つあります。

(1) オリエン書を何回も読む

- 依頼を受けたという刺激自体で脳は活動を開始します。**人間は人に何か解決ごとを頼まれるとそれに応えようとする存在**です。
- 私の経験から言うと、**オリエン時やオリエン書を読んでいる時が、最も発想のスイッチが入る瞬間**です。
- 良いアイデアを出すために、脳は過去の記憶をたぐり寄せることから始めるわけですが、その際に浮かんだ発想は先にも言ったように、小さなことでも是非メモしておきましょう。

(2) 自分勝手に情報収集する

- 次に、課題回りで自分に知識や経験値などの事例がなければ、脳は「〜についてもっと知りたい」「〜を調べろ」という指令を送るようになります。そこで情報収集をし始めます。集まった情報がまた刺激となって、発想が拡大していきます。

〈 発想の活性化 〉

人間は、人に何か解決ごとを頼まれると
脳は発想を開始する

発想を刺激する行為 3 例

① オリエン書を何回も読む

② 自分勝手に情報収集する

③ 仲間とブレストする

- 情報収集のコツは、**自分の興味の範囲で自分勝手に集めていく**ことです。現代はまずは手軽にネットでググれるという強みがあります。ネットに情報が少ない場合は、識者に意見を聞く、話に出てきた現場に行ってみるなどのやり方もあります。

(3) 仲間とブレストする

- さらに、仕事を共にする仲間内で課題の共有後、お互いに思いついたことを言い合い、それを刺激にしてアイデアを出していく方法が有力です。いわゆるブレーンストーミングです。

- ブレストは**オリエン後、あまり間を置かずにすぐに実施する**ようにしましょう。人間は熱しやすく冷めやすいので、熱の冷めないうちにやるのが肝要です。

Check it!

☑ アイデアが浮かぶ脳に仕向けるワザは、「オリエン書を何回も読む」「自分勝手に情報収集する 」「仲間とブレストする」の３つ。

1 - 18

〈企画のタネ：アイデア〉

突出した発想は、実はオフの時

POINT　　浮かんだら逃さずメモしておこう

　企画業務はオリエン時、デスクワーク、ブレストなど仕事としてのある意味ルーティンワークの中で考えるのが基本ですが、私の経験から言うと、実は仕事じゃない時、つまり**オフタイムに企画のタネになるような今までにないアイデアが浮かぶことが多い**です。

　例えば、朝のシャワーの時間、散歩をしている時、通勤途中、ジムでランニングしている時、夜に一端起きて寝つけない時などなど。恐らく、仕事中はとにかく企画を考えねばならないという暗黙のプレッシャーがあるので、常識的な範囲で企画を発想しようとすることが多く、突飛なアイデアや気づきにくいアイデアが出てきづらいのだと思います。

　ところがオフになると、何故か自然にインパクトのある企画が思い浮かぶことは少なくありません。

　制約のある時間の合間で、**考えるべき強制的なテーマがないので、脳のある種のタガが外れて、ゆるいけど自由な発想でのアイデアがポッと浮かんでくる**のだと思います。

　大事なのはアイデアが浮かんだらそれを逃さないことです。その場でメモしておきましょう。メモの取り方について、詳しくはこの章の最後、第1章21［スマホメモの習慣をつけよ］（73頁参照）を参考にしてください。

Check it!

☑　良いアイデアが浮かぶのはオフの時が多い。

☑　その時、逃さずメモしておくと何かの役に立つことがある。

1 - 19

〈企画のタネ：アイデア〉
生活者発想とは?

POINT　生活者の意識や行動を丸ごと観察する

　ここでは、博報堂のフィロソフィーでもある生活者発想をご紹介します。

　生活者発想といっても特殊なメソッドがあるわけではなく、言葉そのものを会社の哲学にしています。定義は、「**生活者は消費者より大きな概念**」ということ。彼ら彼女らの生活全般を眺めて、そこから発想しようというものです。「何だ、当たり前じゃないか」と思うかもしれませんが、あなたがどこかの会社に所属しているとすると、**案外その会社のスコープでしか消費者を見ていない**ものです。特に、B to B企業などは、その先にある消費者の意識や行動を実はあまり捉えていないことが多いのです。

　そこで、博報堂では、生活者の側に立って、彼ら彼女らの意識、行動を360°ホリスティック（包括的）に観察・分析し、それを得意先の商品サービスの販促や新商品、新事業開発に活かそうという哲学を設けたのです。

　私にとって、この主義はかなり重宝しました。何故なら、**ほぼ全ての企画の原点は"生活者"の感覚から発想されるのがベター**だからです。

■大事なのは自分の身の回りを見つめること

　生活者発想とは、自分の身の回りを見つめることといっても過言ではないでしょう。これは難しいことではなく、皆さんの企画プランニングへも十分適用可能なコンセプトです。

　つまり、**普段何気なく感じている日常生活での便不便、「こうだったらいいな」という自分の妄想を張り巡らせて、いざ直面している企画に活かせるかどうかを考えればいい**のです。

　例えば、後章で［街の本屋さんの再生］という事例が出てきますが、このテーマなどは、あなたが普段、地元の本屋さんをどう見ているかという視点が活きてきます。「こうしたらもっといいのに」と思っていることをあぶり出し、企画に適用できるか考えてみればいいのです。

〈 生活発想とは 〉

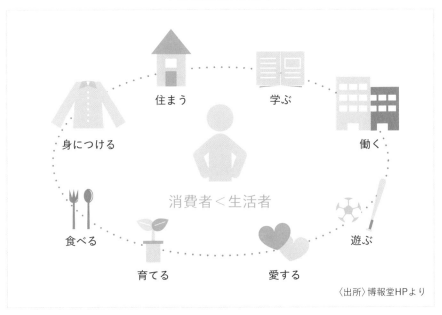

住まう　学ぶ

身につける　　　　　　　　　働く

消費者＜生活者

食べる　　　　　　　　　　　遊ぶ

育てる　　　　愛する

〈出所〉博報堂HPより

Check it!

☐ 「生活者発想」とは、別に難しいことではなく、自分の身の回りを見つ
　めること。

1-20

〈企画のタネ：アイデア〉
あなたも凹んだ体験ないですか?

POINT　　凹んだ体験を「あったらいいのに」に変える

　引き続き、生活者発想のプランニングの仕方をわかりやすく解説します。前にも述べましたが、要は日頃から「あったらいいな」を妄想する癖をつけることです。

　例えば、スーパーでレジ待ちをしているとします。あなたもすでに感づいているとは思いますが、キャッシュレスで決済している人が多い列の待ち時間はずいぶんと短い。それに対して、おじいちゃんおばあちゃんがいる列は現金決済が多いので時間がかかる。そして、たまたま後者の列に並んでしまって、思わず「しまった!」と思う。

　ここまでは気分がへこむ体験ですね。でも、そこで同時にあなたは、「高齢者向けにキャッシュレスの勧めというセミナーをこのスーパーで実施して、彼らをキャッシュレス族にしてしまえばいいのに」と思わず考えます。これはよく考えたら非常に良いソリューションのアイデアですよね。

　こういう具合に自分の妄想癖を、「不満要因」と「あったらいいのに」に分解するように普段から心がけていると、直面する課題に対する答えの選択肢が格段に広がります。

■凹凸法とは?

　凹凸法は私自身が名付けた企画の発想法です。前述したように、普段の生活で気分がへこんだ体験＝「凹み体験」の瞬間をしっかり意識し、そうならないようにするにはどうすればいいか＝「あったらいいな」を考える癖をつけておくのです。

　そして、凹みがあれば凸ることもありますよね。つまり、凸るとは「気分が上がる」瞬間です。

　例えば、最近行きつけの喫茶店なり飲み屋なりで着席後、接客係に「いつものでいいですか?」と言われたら気分が上がりますよね。

人間の気分が凹む、気分が凸る時の
オケージョン（時と場合）と心理から
解決アイデアを妄想する

　このこと自体何ということはないですが、例えば、希少顧客を相手にするビジネスの企画を考える場合、接客のアイデアとして応用可能なヒントになるでしょう。

　このように、**企画の本質となる発想・発明の根っこは人の生活や行動であり、それに紐付く人の感情**なのです。

　凹凸法は、人間の気分が凹む時、あるいは気分が凸る時のオケージョン（時と場合）と心理から、解決アイデアを発想するメソッドとして有効です。

Check it!

□ 自分の気分が凹んだ時、あるいは凸った時に、「だったらいいな」を妄想する。

1 − 21

〈企画のタネ：アイデア〉
スマホメモの習慣をつけよ

POINT　　スマホメモとは？

　私は、日頃から自分のスマホにその時々の気づきをメモしています。

　長い海外駐在から帰ってきた時に、赴任先の国と日本人の生活習慣の違いを改めて面白く感じ、それをメモし始めたのがきっかけでした。

　メモが溜まり始めると、例えば得意先との企画会議の時に色々な切り口から提案ができるようになり、非常に重宝しました。これは使えるなと思い『スマホメモ』（CCCメディアハウス）という本まで出したくらいです。

　どんなふうにメモを取っているかは、75頁の図をご覧ください。

■ 人間の脳はフラッシュメモリー

　スマホメモにどうしてこのような効果があるのかと言うと、まず人の脳はフラッシュメモリーに似ているところがあります。その時は良いアイデアと思った瞬間があっても、次の瞬間にはもう思い出せないという経験はないでしょうか？

　それは忘れたのではなく、脳の奥底に貯蔵はしているのだけど今思い出せない、ということなのです。ですから、**気づきやアイデアが浮かんだらいつでもリマインドできるように、その瞬間を逃さずメモしておくことが大事です**。そうすることで、日頃の企画業務に役立てることができます。

　メモしておくもう一つのメリットは、過去にメモしたことと今現在直面している業務がつながるケースです。

　自分が所属する業界に直接関係のないことでもメモしておけば、「あっ、これは同じことだな。だったら応用できるのではないか」と気づくことがあります。それを周囲に話すと、「冴えてますね」と褒められることもありました。

　ですので、日々の気づきをメモする「スマホメモ」の習慣を強くお勧めします。この**思考メモは、脳に「周りを見回して、○○だったらいいな」という企画脳になる習慣を植えつけている**のです。

■ スマホメモを機能させるポイント

スマホメモの習慣は、以下の3つを意識すればあなたも簡単に取り入れることができます。

(1) すぐメモする

- スマホは1日のうち、ほぼ片時も手離さず持っていると思います。そのため、通勤途上、飲み会、トイレなど思い立ったらどこでもメモできるのが便利なところ。その場ですぐメモするようにしましょう。

(2) 見返す

- メモは取りっぱなしではなく、ことあるごとに見返すのが肝心。人間は忘れる動物ですので、過去にこんな良いアイデアがあったんだとその都度リマインドすることで、直面する課題に役立てましょう。

(3) 俯瞰する

- 例えば何か大きなテーマがあって、それに関するメモを一同に集めてみると、違う内容のメモでも根っこは同じことを言っているとか、メモAは起点でメモBはその結果であるなど、メモ同士が共鳴し合い、より構造的に理解することができるようになります。この俯瞰する作業によって地頭力が上がります。

メモの書き方ですが、「へえ〜○○なのか」とか「○○だなあ」など接頭語や語尾にその時思った自分の素直な感情を口語で書くのがお勧めです。その時の自分の感情を思い出し、臨場感をもってメモをリマインドできます。

メモは手書きの方も多いと思います。それはそれで構わないのですが、私が何故ことさらスマホメモにこだわりを持っているかと言うと、こうした電子デバイスに蓄えた情報は、半永久的に残すことができるからです。情報を知恵に変える時代の到来に向けて、自分の思考メモを蓄えておくと、きっと将来役立つと思います。

日常の気づきをメモして
スマホに溜める
プラニングに役立つ

memo

「学園祭の模擬店がつまらない。
焼きそばやたこ焼き、ワッフル
などありきたりのものが多い。
どう面白くするか。
全国お取寄せ陳列店を作る。
要はデパ地下の華やかさを再現
したらいいんんじゃないか。」

Check it!

☑ 日頃から気づきをスマホにメモしておくと何かと役に立つ。

☑ スマホメモは、見返したり俯瞰したりすると、脳が活性化する。

RIBBON
FRAME

企画のまとめ方

リボンフレームを活用する

Business Proposal & Presentation

2-1 〈リボンフレームとは〉
企画作業を分解し可視化したもの

POINT　　企画作業を4つのパートに分ける

　ここでは、企画作業の推進において、リボンフレームをどう適用していくかを解説します。

　序章5［戦略のある企画書をつくる簡単メソッド「リボンフレーム」］（25頁参照）で述べたように、**リボンフレームとは、企画作業の手順に基づき、集約思考と拡散思考に作業を分解し可視化したもの**です。

　全体が次のようにシンプルな4つのパートに分かれており、次の順序で作業を進めていきます。

❶現状分析

　まず現状分析ですが、このパートでは依頼事項やオリエンテーションを確認し、関連情報を収集し、解決のための様々な留意点、難しいハードルやチャンスになる情報を書き込みます。

　ここで留意して欲しいのは、**左端①の分析項目だけでなく、右端④の施策アイデア項目も随時埋めていく**ことです。スタートの情報収集の段階では、施策に関するアイデアが自然に集まってくるからです。

　また、現状分析は後々、問題点と機会に分類して整理するようにしますので留意しておいてください（52頁参照）。

❷課題

　次の課題では、❶で挙げた現状分析の中で**何が一番本質的な課題になるかを設定**します。第1章11［〈企画書の基本要素〉課題］（54頁参照）で説明したように、**ここで適確な問いの設定をすることで良い戦略が導かれます。**

❸戦略

　続いて戦略では、設定した課題を解決する**全体的な考え方や方針を提示**しま

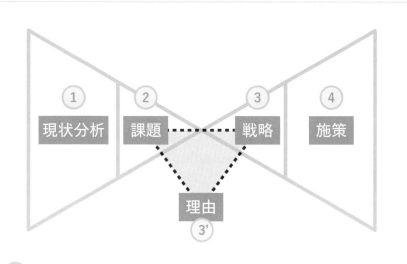

〈 リボンフレームとは 〉

1 現状分析 … オリエンテーションを確認し、関連情報を収集し、整理。同時に、④施策にアイデアも書き込む

2 課題 ……… 何が一番本質的な課題かを設定。ここでの適確な問いの設定で良い戦略を導く

3 戦略 ……… 課題を解決する全体的な考え方や方針を提示する。戦略のラショナル（理由）も同時に付記する（③'）

4 施策 ……… 現状分析段階で挙げられていたアイデアも含め、具体策の絞り込みとブラッシュアップ

す。

　また、このパートでは、戦略の「**理由**」（ラショナル）も同時に付記することで、課題と合わせ、**ロジック3点セット**として完成させます。

❹施策

　最後は施策です。❶の現状分析の段階で挙げられたアイデアも含めてブラッ

シュアップし、**戦略に沿った具体策に絞り込んでいきます。**

　リボンフレームを用いた企画作業は、以上の手順で行なっていくことをざっくりとつかんでください。

2-2 〈リボンフレームの準備〉
グループでは作業工程表をつくる

POINT 　　大事なのは、全員集合のタイミングを決めること

　企画プレゼン作業をグループで行う場合は、プレゼンまでの作業工程表をつくります。リボンフレームを使うと、わかりやすくスケジュール化できます。

　具体的には、作業プロセスを「横軸」、誰が主体で作業するのかを「縦軸」に取ります。そして作業工程を次のように大きく6つのフェイズに分けます。

フェイズ1. オリエンとブレスト
フェイズ2. 情報収集と現状分析
フェイズ3. 課題の絞り込みと戦略立案
フェイズ4. 施策の精緻化
フェイズ5. 企画書の取りまとめと全体俯瞰
フェイズ6. プレゼン

　スケジュール表ができたら次に作業主体ですが、大別すれば、全員集合でやるのか、それとも個別作業でやるのかです。**ここで重要なのは全員集合のタイミングを決めること**です。

　全員集合のタイミングは、具体的には、

フェイズ1. オリエンとブレスト
フェイズ3. 課題の絞り込みと戦略立案
フェイズ5. 企画書のとりまとめと全体俯瞰

　の3回が適当です。

　もちろん全員参加といっても難しい場合も多いでしょうから、各チームの代表が1人出るのもありです。

　続いて重要なフェイズの留意点です。

〈 作業工程表例 〉

フェイズ	1	2	3	4	5	6
日にち	〜3日	〜15日	〜20日	〜28日	〜30日	〜31日
リボンフレーム						
作業テーマ	オリエンとブレスト	情報収集と分析	課題戦略	施策精緻化	全体俯瞰	プレゼン
全員ミーティング	◎		◎		◎ →	◎
個別 担当A 担当B 担当C		○○○		○○○		

◆ フェイズ 1.

　オリエンテーションは参加人数が限られている場合も多いかと思いますが、**その後のブレストはできれば全員参加が望ましいです。**

　何故なら、オリエンの内容を全員で共有できることと、その時に浮かんだ様々な意見を、なるべく数多くリボンフレームに書き込んでおくことができるからです。

　たとえ分析、課題、戦略がまだなくても、オリエンから浮かんだ各人の第一感は大切なものです。それは施策も含まれており、後々活かされる公算が大きいのです。

◆ フェイズ 3.

　企画書の要（かなめ）を決める作業なので、ディープな会議になりがちです。**あらかじめ担当者が課題と戦略仮説を作成し**、それを基に議論するのが効率的なやり方です。

◆ フェイズ5.

　企画書の取りまとめを誰にするのか決めます。もちろん、ここより前に決めても構いません。

　重要なのは、企画書が統一して見えることです。そのために最終調整者が一人であることが望ましいのは言うまでもありません。

　全体を通して、コントロールする責任者の役割も重要です。作業進度をその都度チェックし、臨機応変にスケジュールを変更しましょう。

Check it!

- ☑ 作業工程表をつくると便利。
- ☑ 具体的には、リボンフレームの作業プロセスを「横軸」に取り、「縦軸」に担当者を置き、時系列にわかるように可視化する。
- ☑ 大事なポイントとしては、全体会議の設定。標準は3回。

2-3

〈リボンフレームのメリット〉
進行管理が容易

POINT　　リボンフレームの埋まり具合でチェックできる

　ここからは、リボンフレームのメリットを解説します。

　まず、リボンフレームを使うと、進行状況を可視化できるため、進行管理が容易になります。

　リボンフレームの埋まり具合によって、**企画作業がどのくらい進んでいるかを一目で知ることができます**。

　例えば、中心のロジック3点セット（課題、戦略、理由）が埋まっているかどうか。ここが決まっていたら、企画作業はヤマを越えたことになります。

　さらに、❶現状分析と❹施策の両端が埋まっており、右側の施策に○×が付いていたら、具体的な施策の目途までついているということになります（○×を付けるタイミングは、第2章16［〈リボンフレーム・STEP4〉施策①］（108頁参照）で解説します）。

　また、場合によっては、戦略が複数案ある場合もあるでしょう。責任者はそれを見て、「近いうちに1つに決めないといけないな」などと、この要（かなめ）の部分を見ることで概ね企画の進行状況を把握できるのです。

Check it!

☑ リボンフレームで作業を進めると、企画作業がどのくらい進んでいるかを一目で知ることができる。

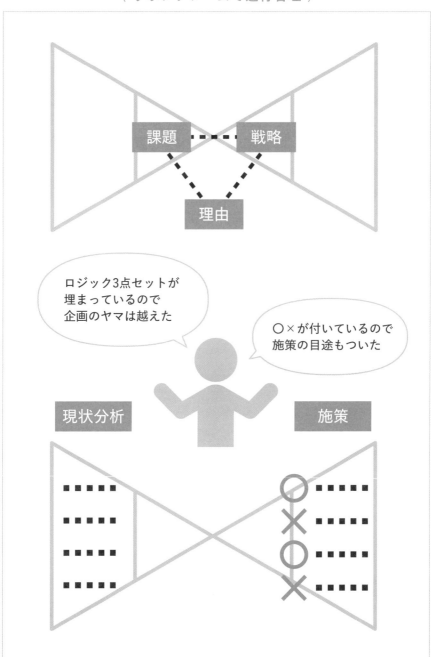

2-4

〈リボンフレームのメリット〉
ロジックの整合性をチェック可能

POINT　ロジック3点セットで徹底的にロジックを磨く

　リボンフレームは、企画作業を集約と拡散という人間の思考形態を利用した一本の流れなので、基本的に論理がスムーズに流れているはずです。また、**ロジック3点セット**があることで、ここで**徹底的に**ロジックの**整合性が磨かれます**。そして企画書のロジックは完璧になります。しかしそれだけに、課題の置き方によって戦略の中身が変わってくるので、複数案出る場合は十分な討議が必要です。逆に言えばその討議でしっかりしたロジックになります。

〈 ロジック3点セット 〉

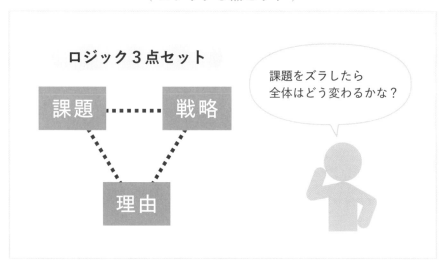

Check it!

☑ ロジック3点セットという関門があるので、ここで徹底的にロジックの整合性を磨き、着地させることができる。

2-5

〈リボンフレームのメリット〉
スピーディーにできる

> **POINT**　進行のコツは、フェイズごとのスケジュールを遅らせないこと

リボンフレームを使うと、何といっても企画書をスピーディーに仕上げることができるというメリットがあります。

手順に沿って4つのプロセスを辿れば良いので、進め方であまり悩む必要はありません。

それと、初動のブレストで、施策アイデアを含めてとりあえず両端を埋めるという作業を組み込んでいるので、**初期の良いアイデアを逃がすことがありません**。

初動のブレストで施策アイデアもしっかり洗い出しておき、現状分析との関係を把握しておくことで、解決の部分の戦略と施策化作業のスピードが増すのです。

最初のアイデアは後々使えるものが多く含まれていますし、場合によっては、最初からこのアイデアで行こうということにもなり、もしそうなると作業を一層早く進めることができます。

また、副次効果としては、最初から施策アイデアが埋まることでの安心感があります。

グループで進める場合の責任者の管理のポイントは、**フェイズごとのスケジュールを遅らせないこと**です。現代はそれこそタイムイズマネーなので、だらだらやらずに進めることが肝要です。

第2章　企画のまとめ方 〜リボンフレームを活用する〜

Check it!

- ☑ リボンフレームの企画作業は、スピーディーに事が運ぶ良さがある。
- ☑ 初動ブレストで初期のアイデアを逃がさないのもその理由の一つ。
- ☑ 責任者は、フェイズごとのデッドラインを握っておく。

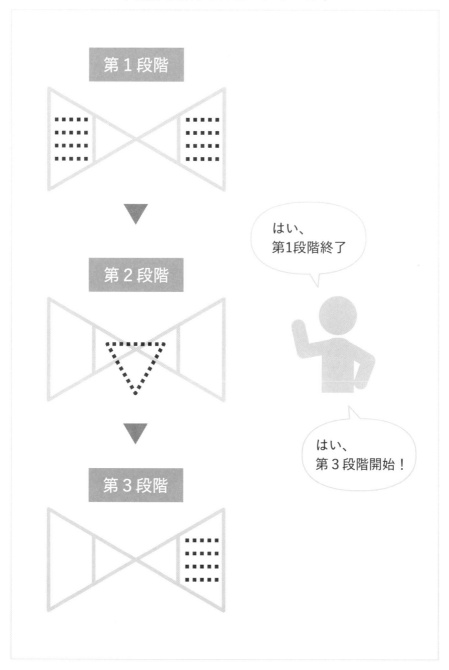

2-6

〈リボンフレームのメリット〉
全てのジャンルの企画書に対応

POINT　企画書の構造は世界共通だから、国内だけでなく海外も

　本書の冒頭で**企画書の構造は世界共通**であると述べました。リボンフレームはその実績を基につくられるので、国内外問わずどんなジャンルの企画書業務にも対応できます。例えば、情報量の多い長い頁数の企画書を求められても、目次の設定骨子を変える必要はありません。また逆に、Ａ４一枚だけで良いと言われた場合や、プレゼン時間が３分しかないなどの状況でも、リボンフレームの各パートの骨子だけ抜き出せば、短縮版をつくり説明できます。

〈 企画書の流れは一緒 〉

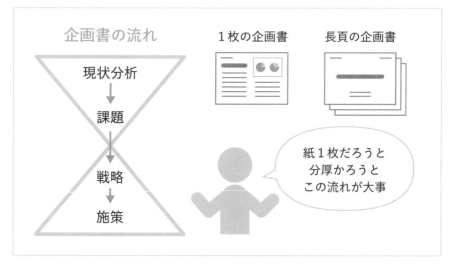

Check it!

- ☑ リボンフレームは世界共通の企画書の構造をフレーム化したものなので、あらゆる企画書に対応できる。
- ☑ A4 一枚でも頁数の多い企画書でも基本骨子は同じ。

2-7 〈リボンフレーム・起点〉オリエンの確認

質問・疑問があればすぐ解消

POINT 　現状分析に入る前の下準備

　ここからは、実際に企画作業を進めて行くにあたって、リボンフレームを使って、ステップごとに何をやるのかについて解説していきます。

　まずは起点として、リボンフレームの❶現状分析に入る前に、オリエンテーションの内容をしっかり確認しましょう。

　当たり前ですが、**作業にあたってその目的と自分たちの役割を、ズレがないように認識し直すことが大事です。**

　質問や疑問があったら、できれば相手に聞いてすぐに解消しましょう。その場で聞けなかった場合は、後日、質問事項として送付し、回答を得るなどしておきます。

　例えば、「売上目標はあるか」「ターゲットについての記述がないが、これは自分たちが考えろということか」「施策プランはどこまで詳しく必要か」などの疑問を確認します。

　よくありがちなのは、作業を進めるに従って相手に確認が必要な新たな情報が出てくるケースです。もしそうなった場合も、できるだけ早く聞きクリアにするようにしましょう。

　依頼者側にとって．こちらは自分たちのために働いてくれている存在なので、質問に答えることは嫌がりません。

　起点で重要なのは、企画書を提案するにあたってどこが**焦点**になってくるか、**重点領域をつかむこと**と、**提案書のレベル感。どこまで詳述したプランがいるかの把握が必要**です。

　加えて、オリエン時や質疑のやり取りを通じて、**頭に浮かんだことをできるだけメモに残しておくこと**をお勧めします。次の作業である現状分析の入り口になるからです。

〈 企画作業にあたっては疑問を解消しておくことが大事 〉

Check it!

☑ 現状分析の前に質問や疑問を早期に解消しておく。

☑ 質疑を通じて、企画書の焦点や重点領域、レベル感をつかんでおく。

☑ オリエン時や質疑応答を通じて、頭に浮かんだことをできるだけメモ
に残しておく。

2-8

〈リボンフレーム・STEP1〉現状分析①
まずは拡散思考を使う

POINT　　企画の初動では制約なしのブレストをする

　下準備が整ったら、リボンフレームの入り口の「❶現状分析」に入ります。現状分析は前項目で述べたように、これはオリエンの確認と紐付いた作業なので、一連の流れとして捉えてください。オリエン前後で収集した様々な情報を、頭に浮かんだことも含めてまずは紙に落とし込みましょう。

　オリエンペーパーや質疑応答を通じて、企画書の何が焦点になりそうかを見極めつつ、どんどん情報を集めていきます。この時必要なのが「**拡散思考**」です。

　また、３Ｃ分析など適切な分類項目をつくって整理しておきましょう。

　企画作業をグループで進める場合、経験上最も大事なのは、初期段階での全員参加でのブレーンストーミングです。

　企画立案メンバーは、すでに当事者の気持ちになって色々なことを夢想していると思います。この時、拡散思考の特徴を存分に活かします。

　すなわち、**色々な制約を一端取っ払って、メンバーが思い思いに原因や解決法などを自分勝手に話していくセッション**です。先にも伝えたように、そんな時に出たアイデアの原石が意外に最後まで生き残り、メイン施策になっていく例は少なくありません。

　ですので、その時に出た戦略の考え方やアイデアは集約して記述しておくことが大切です。

■リボンフレームの左端と右端を埋めてみる

　様々な情報が集まったら、**重複を整理したり重要なことに絞ったり**して、リボンフレームに書き込んでください。

　また、色々な意見が出る中で、**左端の現状分析の部分と右端の施策（アイデアも含む）に分けて記述**してください。

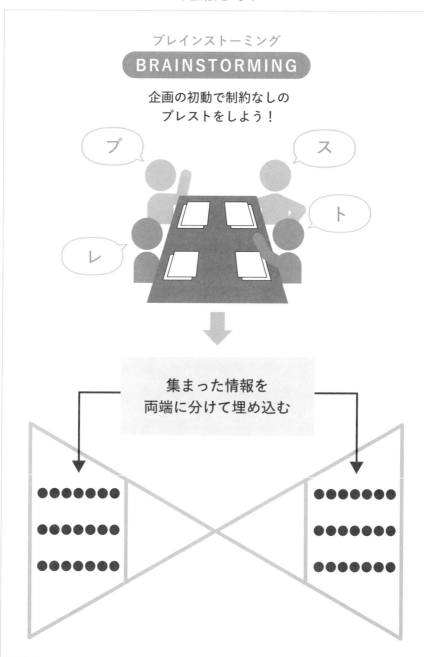

ブレインストーミング
BRAINSTORMING

企画の初動で制約なしの
ブレストをしよう！

ブ

ス

ト

レ

集まった情報を
両端に分けて埋め込む

たとえ分析が甘かったり、アイデアが未成熟だったりしても、いったん文章化しておくのです。

　何度も言うように、初動の時点でも企画の軸になる現状分析の文章や施策アイデアのコンセプトが含まれている可能性があるからです。

　ここをきちんと押さえておくことで、企画作業のスピードを大幅にアップできるのです。

Check it!

- ☑ 集まった情報を整理して、リボンフレームの両端を埋める。
- ☑ 初動のブレストも貴重な機会。

2-9 〈リボンフレーム・STEP1〉現状分析②
顧客視点を絶対に忘れない

POINT　誰に働きかけるのかを明確にする

　企画の対象やターゲットには様々なレベルがあると思いますが、私たちが常日頃心がけているのは、**「誰に働きかける企画か？」**という「for whom」の視点です。顧客の視点と言っても良いでしょう。

　つまり、依頼事項の部分で**何がうまくいっていないのか、それによって顧客はどういう状態にあるのか**を推し量るのです。

　大抵は、顧客は物理的な不具合や心理的な不満足を抱えています。

　またそれによって、顧客の離脱が起こりつつあるという状況もあります。

　その時、顧客の視点から考えてみることで、状況がよりクリアになったり、解決のヒントが見つかったりします。

　企画対象がB to C（Business to Customer）であるとしたら、お客様の状況を見るということです。またB to Bでも、取引先を"顧客"と考えれば同じことです。

　大切なのは、ビジネスの相手側の身になって考えてみるということです。

Check it!

☑ 誰に働きかける企画かを考えること。

☑ 何がうまくいっていないのか、それによって顧客はどういう状態にあるのかを想像する。

2 – 10 〈リボンフレーム・STEP1〉現状分析③
ポジティブ情報も集める

POINT　情報収集は不振原因だけに捉われない

　現状分析でもう一つ重要なことは、依頼者の悩みや課題解決のために**ポジティブな要素や情報の収集も同時に行う**ことです。

　オリエンは、概して「この部分がうまくいっていないので解決して欲しい」というケースが多いと思いますが、不振原因ばかり調べていくと、解決策がマイナス（ー）をプラス（＋）にするものになりがちです。

　それはそれで必要な作業ですが、一方で、依頼主の**強みの部分**や、世の中の**ポジティブな動向の分析からチャンスを発見する**やり方は非常に有効です。例えば、**他社事例、他業界事例**などを応用するケースです。

　このような作業はチャンスの発見には重要な視点です。そうすることによって、解決の糸口が拡大するからです。

　また、第5章［〈企画書づくり〉現状分析］（201頁参照）でも述べますが、**ポジティブな要素を埋め込んで現状分析の頁をつくること自体**が、依頼主を勇気づける効果があり、後のプレゼンでも活きてきます。

Check it!

☑ 情報収集では、他社事例を含めポジティブ情報も集める。

☑ ポジティブ情報は、相手を勇気づける効果があるので、後々プレゼンで使える。

2-11 〈リボンフレーム・STEP1〉現状分析④

整理に入ったら集約思考を使う

POINT　課題や戦略につなげる視点で整理する

　ひと通り情報が集まったら、速やかに整理の作業に入ります。ここで大事なのは、「**集約思考**」という考え方です。

　集約思考とはすなわち、その後に続く課題設定や戦略立案につながる本質的なものを選別する作業です。

　ここまで自分勝手に思考してきただけの考えをこの時点で切り替えて、**次のステップの②課題設定と③戦略の立案の部分に何を書くべきかを考え始めます。その上で、現状分析に残すべき情報を絞り込むのがコツです。**

　ここで、「現状整理が不十分なのに課題や戦略を考えても無意味では？」と思われる方もいるかもしれません。

　しかし、**人間の思考というのは、行ったり来たりを繰り返すことで思考が深まるという側面があります。**従って、現状分析から課題、戦略を意識するのが大切です。

　この作業は、次に続く課題設定と戦略立案の項目でも同じです。ロジック構築とはそうやって行うものなのです。

Check it!

- ☑ 課題設定や解決のために何が重要で残すべき論点は何か、集約思考を使って考える。
- ☑ 課題と戦略の部分も考え始め、行ったり来たりしながら思考する。
- ☑ その上で、現状分析に残すべき情報を絞り込む。

〈 現状分析の整理のコツ 〉

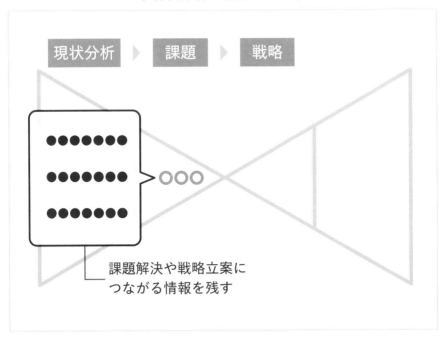

課題解決や戦略立案に
つながる情報を残す

2 - 12

〈リボンフレーム・STEP2,3〉課題と戦略①
行ったり来たりする作業が大事

POINT　課題を色々なアングルで書き出してみる

　次のステップは、❷課題と❸戦略についてです。前項目の集約思考による情報の選別作業で、課題もすでに考え始めていましたね。

　ですので、ここでは**整理された現状分析の項目を見ながら、まずどのような課題設定がふさわしいか**を考えていきます。

　第1章の〈企画書の基本要素〉で、課題とは良い問いの設定であり、現状分析から本質的な部分をピックアップすることが大事と述べました。なのでそれに従って、**課題の文章を色々なアングルで書いてみましょう。**

　同時に、一方でそのような課題を設定した時、戦略はどんな考え方になるかもシミュレーションしてみてください。

　前項目で人間の思考は「ああでもない、こうでもない」と行ったり来たりすることで深まっていくと述べたように、ここでも**課題と戦略を行ったり来たりして擦り合わせ、双方を適切な言い方に収れんさせていく作業が大事**です。

　上記の考え方のポイントをまとめますと、

1．現状分析の集約から設定した課題がこれで良いか？
2．そう課題設定した場合、戦略はどう記述されるべきか？

という2つの視点で作業を進めて行きます（次頁の図参照）。

　わかりやすい事例を挙げましょう。例えば、ある菓子メーカーX社の新商品開発の依頼があったとします。

　現状分析の結果、X社は普及価格帯でシェアの高い商品があり、そこでは高い競争力がありました。しかしながらこの市場はもう成熟しており、今後の伸びはあまり見込めない状況です。

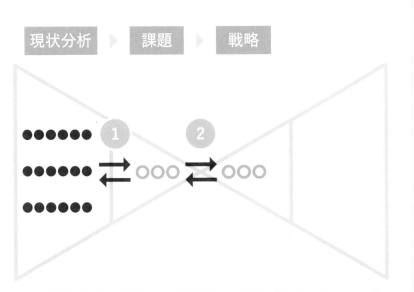

1. 現状分析の集約から設定した課題がこれでいいか？
2. そのように課題設定した場合、戦略はどう記述する
  べきか？

　一方、高価格帯ゾーンは、今後の見通しとして市場の伸びが見込まれ、その理由として素材や品質にこだわる消費者が増えているという分析がありました。しかしそこにはX社の商品はまだないという現状です。

　そのことが本質的な課題だと認定した場合、「高価格帯への進出」を課題に設定します。そして、その時の戦略は、「高付加価値ブランドの立上げ」にします。

　それに続く具体施策として、ブランド構築や立ち上げ方法について述べていくという流れにしていくわけです。

　このように現状分析からひと通りの指針を得られたら、課題の抽出の仕方と戦略の言い方を行ったり来たりしながら調整していきます（次頁の図参照）。

〈 菓子メーカー X 社の商品開発の事例 〉

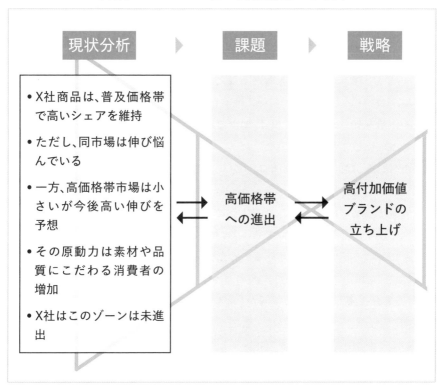

現状分析 ▶ 課題 ▶ 戦略

- X社商品は、普及価格帯で高いシェアを維持
- ただし、同市場は伸び悩んでいる
- 一方、高価格帯市場は小さいが今後高い伸びを予想
- その原動力は素材や品質にこだわる消費者の増加
- X社はこのゾーンは未進出

高価格帯への進出

高付加価値ブランドの立ち上げ

Check it!

☑ 現状分析からひと通りの指針を得られたら、課題を書いてみる。

☑ この時、戦略も記述してみる。課題と戦略を行ったり来たりしながら調整していく。

2 - 13 〈リボンフレーム・STEP2,3〉課題と戦略②
自分たちの一番言いたいことは?

POINT　　迷ったらそれを考えること

　この作業をしていて往々にして起きることは、**課題の設定によって戦略が全く変わってくる**ことです。

　だからこそ、第1章で「良い問いを立てることが良い戦略につながる」として課題の重要性を述べました。

　このステップは色々悩むことになるフェイズです。行ったり来たりする作業が発生しますが、それを厭わずやっていきましょう。戦略を策定するテクニックを身につける絶好の機会と思ってください。

　では、その時「戦略はこれに決めよう」という指針は何かと言うと、**要は「自分たちが提案したいことは何か」**ということに尽きます。

　戦略こそ企画書の要（かなめ）と述べたように、そこに自分たちの思い、言いたいことを置くことが大事です。

　この自分たちの思いというのは、逆の視点から言うと、依頼したクライアントが一番聞きたいこと、すなわちクライアントのニーズの中心になっていることです。

　先ほどの事例の話に戻ります。

　現状分析のさらなる情報として、「普及価格帯は弱小メーカーが多いので、X社はまだシェアを伸ばせる余地がある」とする一方、「高価格帯は、外資の巨大企業がこれから大量の投資をする」という分析があったらどうでしょう?

　一概に高価格帯に進出するより、「普及価格帯でさらなるシェアアップを図る」を課題に設定し、「既存ブランドの大リニューアル」を戦略にするという考え方もあり得るわけです。

　たとえ、オリエンの新商品開発というテーマと多少ずれていても、これが自分たちの思う正しい課題設定とそれに基づく戦略だと思えば、そちらを提案する手もあるでしょう。

〈 菓子メーカー X 社の商品開発の事例〜課題違い〜 〉

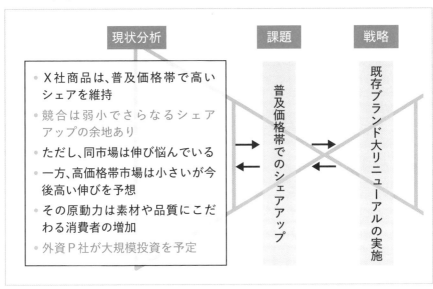

　このように課題の設定はその後の戦略方向に大きな影響を与えるので、**現状分析と課題と戦略を行ったり来たりしながら、「何が正しいか、何を提案したいか?」を決め、同時にその理由もこのフェイズでしっかり残しておくことが重要です。**

　前項目に示した課題設定のポイントは以下の2つでした。

1. 現状分析の集約から設定した課題がこれで良いか?
2. そう課題設定した場合、戦略はどう記述されるべきか?

　あえてそれに次のものを付け加えてさせていただきます。

3. その戦略は自分たちが一番言いたいことか?

Check it!

- ☑ 課題の設定次第で戦略が全く変わる。
- ☑ その時の意思決定のポイントは、「自分たちが言いたいことは何か?」を考えること。

2-14 〈リボンフレーム・STEP2,3〉課題と戦略③
ズラしのテクニック

POINT　依頼主のニーズに照準を合わせる

　次に、前項目の課題と戦略の記述を微妙にズラした例を紹介します。

　例えば、X社の事例では、クライアントの依頼事項には書いてなかったものの、取材の結果、高価格帯への進出はほぼ規定事項となっており、彼らの関心事は「その場合どう進出するか、その基底となる考え方」を求めていると判明したとします。**これに対応して、その時の課題と戦略の書き方を微妙に変えていくわけです。**

　この場合の結論は、課題を「いかに付加価値の高い商品をつくるか」とし、戦略を「シーズＡを活用した新たなプレミアムブランドの導入」とします。

　そして現状分析のところでも、「Ｘ社には、シーズＡという付加価値化できる素材がある」を加えます。

　前の記述（101頁の図参照）と比較すると、戦略がより具体的に記述されていることになります。それは、**クライアントニーズを把握した上で、こここそ自分たちが一番主張したいポイントになっている**からです。

　その場合、現状分析にはその伏線、すなわちシーズＡが有力であることをきちんと挙げておくことが必要になります。

クライアントの聞き込みの結果、より踏み込んだ課題設定と戦略に変えるべきだ

〈 ズラしのテクニック① 〉

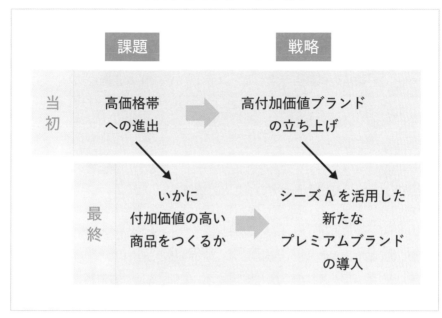

　このように、依頼主のニーズに合わせて、リボンフレームに沿って現状分析、課題、戦略において行ったり来たりする作業を経ることで、企画書が着実にブラッシュアップされていくのです。

Check it!

☑ 企画作業の途中で、依頼主が本当に求めているポイントが当初とズレてくる場合がある。

☑ 真のニーズに合わせ、課題と戦略、両方の書き方を調整する。

2-15 〈リボンフレーム・STEP2,3〉課題と戦略④
戦略の理由を記述

POINT 　戦略の根拠を示すことでソリッド（堅固）な企画書になる

　さて、課題と戦略の表現がほぼ固まったら、戦略の「理由」についても記述しておきましょう。

　この作業はさほど難しいことではありません。しかし、**企画書の中では、戦略の根拠がしっかり記述されていることは重要**です。

　引き続きX社の新商品開発のケースで説明しますと、例えば最初のケースは、課題が「高価格帯への進出」、戦略が「高付加価値ブランドの立ち上げ」だったので、その理由を「**X社の実績からワンランク高い商品でも消費者が受け入れる可能性は十分ある**」とするわけです。

　一方、課題と戦略をズラしたケースでは、「いかに付加価値の高い商品をつくるか」が課題で、「シーズAを活用した新たなプレミアムブランド導入」が戦略でした。

　その場合の理由は、「**X社は有力なシーズAを持っており、これを有効活用できる**」と記述します。

　このように、課題と戦略の置き方によって、「理由」の記述も変えていくことになりますが、それこそ自分たちが主張した提案の根拠になるので、しっかり考えて企画書に漏れなく記述していきます。そうすることで、**ソリッド（堅固）な企画書**になっていくのです。

Check it!

- ☑ 戦略の設定理由をしっかり記述すること。
- ☑ そうすれば、ソリッド（堅固）な企画書になる。

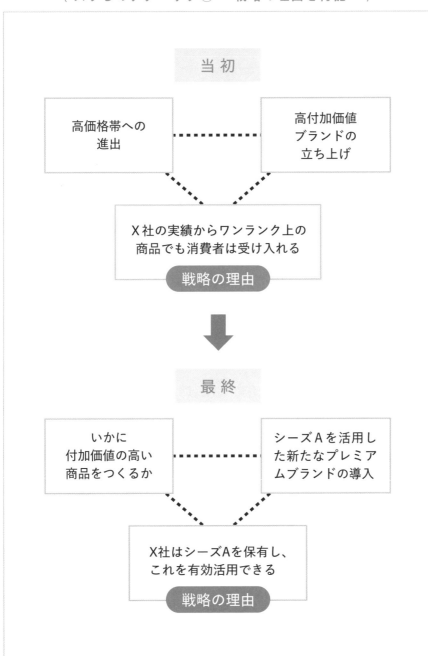

当初

| 高価格帯への進出 | ------ | 高付加価値ブランドの立ち上げ |

X社の実績からワンランク上の商品でも消費者は受け入れる

戦略の理由

最終

| いかに付加価値の高い商品をつくるか | ------ | シーズAを活用した新たなプレミアムブランドの導入 |

X社はシーズAを保有し、これを有効活用できる

戦略の理由

2-16 〈リボンフレーム・STEP4〉施策①
候補は初動でいくつか出ている

POINT　　施策はフィジビリティと効果をチェックする

　ここでまた、リボンフレームの特徴に戻って、この施策の項目をどうさばくか解説します。なかなか戦略に沿った良い施策が浮かばないな、という心配はほとんどありません。

　というのは、現状分析やその時のブレーンストーミングの段階で施策のアイデアはいくつか発想されており、課題と戦略の絞り込みを行った段階でそれに紐付く施策がいくつかあるはずだからです。

　この時点までに施策に〇×を付け、残った有力な施策を膨らませていきましょう。そうすれば作業をスピーディーに進められます。

　次に施策をさらに精緻化する作業ですが、その基準は「**フィジビリティ（実行しやすさと費用感）× 効果**」です。

　どんな素晴らしい施策の提案であったとしても、実行余地がなければ何の意味もありません。また、効果の濃淡もあるはずです。その観点からも、さらに絞り込みと精緻化する作業が必要です。

　フィジビリティには投資額や時間軸との兼ね合いもあり、慎重に決めなければなりません。このあたりは経験者や専門業者のアドバイスを受けていくことが重要です。

　同時に、**企画書上には、費用概算とスケジュールを明記していくことで、施策の実現性が聞き手に、より具体的に伝わります。**

〈 施策の精緻化の基準 〉

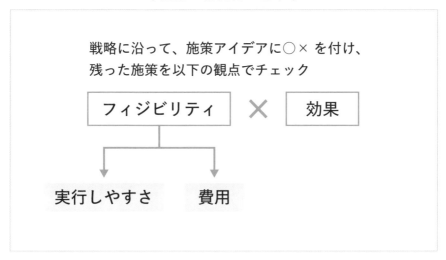

戦略に沿って、施策アイデアに◯× を付け、
残った施策を以下の観点でチェック

フィジビリティ ✕ 効果

実行しやすさ　　費用

Check it!

☑ ◯×を付けて施策の選択をする。

☑ さらに選択が必要な場合、フィジビリティと効果でチェックする。

☑ 企画書上には、費用概要とスケジュールの明記が望ましい。

第2章　企画のまとめ方 〜リボンフレームを活用する〜

2−17 〈リボンフレーム・STEP4〉施策②
並列で並べたほうが良い場合

POINT　客観的に評価できるようにする

依頼事項において、施策に幅広い振れ幅を望む場合があります。

例えば、クリエイティブ・アイデアを求めるケースはそれにあたり、依頼主は異なるいくつかの案を求めています。

その場合、最後に、**各案の位置付けやメリット・デメリットを表示し、客観的に評価できるようにしておく**のが見る側にとって親切です。

また**お勧めを決めておく**などの準備も必要です。

下の図はクリエイティブ案のメリットとデメリットの例の表です。

〈 クリエイティブ案のメリット・デメリット表 〉

クリエイティブ	メリット	デメリット	お勧め
A案	インパクトがあり認知効果が高い	飽きられやすい	
B案	若い層の共感を得られる	全世代に通用する汎用性が弱い	○
C案	インセンティブが強力で購入行動につながりやすい	• 商品訴求が弱い • ブランド力アップにつながりにくい	

Check it!

☑ 依頼事項で幅広いアイデアを求めている場合、施策は複数提案する。

☑ その場合、各案のメリット・デメリットを明示する。

2-18
〈リボンフレーム・STEP4〉施策③
施策を組み合わせ、立体化する

> **POINT** 施策の連動効果や時系列展開を考える

　比較的予算規模が大きかったり、あるいは時系列的（例えば1年以上）な活動を企画したりする場合などは、**いくつかの施策を組み合わせ、立体化**します。

　リボンフレームの右端に記述された施策を眺めていくと、それぞれが連関している場合があります。

　組み合わせ立体化するとは、そこに注目して、**これはどういう風につながっているのだろうと施策の連動効果や時系列展開を考えていく**ことです。

　例えば、予算がわりと潤沢な場合は、いくつかの施策を組み合わせ、立体化するという作業をします。広告会社の言い方ですと、**キャンペーン発想**です。

　古くからある手法ですが私の経験から言うと、**複数の施策を組み合わせ重層的に展開する手法は認知効果やブランディング効果が発揮しやすく、今でも最良のメソッド**です。この場合、**施策を組み合わせた相乗効果をデータなどで見せていく**と、依頼者の説得に役立ちます（次頁の上図参照）。

　一方、中長期展開を目指す企画の場合は、施策を時系列にプロットして、いかに様々な活動をつないで目標を達成していくかをわかりやすく示していくことが必要です。その場合、**時系列表をつくって期を分け、目的とやることを明示する**と効果的です（同下図参照）。

Check it!

- ☑ 施策の連動効果や時系列展開を考える。
- ☑ キャンペーン発想が有効。

施策組合せによる効果の違いを示したグラフ

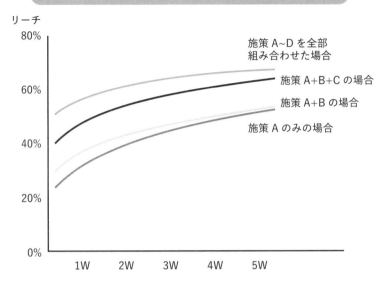

リーチ

- 施策 A~D を全部組み合わせた場合
- 施策 A+B+C の場合
- 施策 A+B の場合
- 施策 A のみの場合

マーケティング・カレンダー

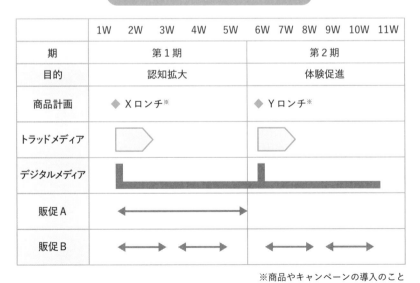

	1W	2W	3W	4W	5W	6W	7W	8W	9W	10W	11W
期	第1期					第2期					
目的	認知拡大					体験促進					
商品計画	◆ X ロンチ※					◆ Y ロンチ※					
トラッドメディア											
デジタルメディア											
販促A											
販促B											

※商品やキャンペーンの導入のこと

RIBBON FRAME

第3章

リボンフレームを用いた 「企画のまとめ方」 2つの演習

演習 I 　友達の悩みを解消する企画
演習 II 　街の本屋さんの再生企画

Business Proposal & Presentation

3-1 〈リボンフレーム・起点〉オリエン

A子は喫茶店で悩みを打ち明けられた

POINT 企画の発想とまとめは喫茶店でのコンサルに似ている

　ここでは、演習方式で、企画の発想とまとめを実際にどうやるのか、2つの事例を使って詳しく説明しましょう。

　最初は、とっつきやすい事例からお話しします。

　私が長年やってきて辿り着いた結論は、**企画の発想とまとめのプロセスは、「喫茶店でのコンサル」と似ている**ということです。

　どういうことかと言うと、例えば、あなたが親しい友人B子さんにちょっとした悩みの相談を受けた時のシチュエーションを思い浮かべてください。

　その時、相談を受けた自分の頭がどう動いたかという手順が参考になります。

　相談を受けたあなたは、考えるべき要素が3つあります。

1. 相手の悩みをよく聞く
2. 悩みの原因を推定する
3. 悩みの解決策を思案する

　この3つです。

　まずは"相手の悩みをよく聞く"ですね。

「最近、私、怒りっぽいのよね」

　これが相手の悩みだとします。あなたは、聞いた瞬間どうしますか？　色々なことが頭を巡り、脳はたちまち準備運動を始めるはずです。

　シンプルながらも、これを一つのオリエンテーションと考えて、その後あなたはどのように対応するかを想像してみましょう。

〈 Ａ子は喫茶店で悩みを打ち明けられた 〉

Check it!

☑ 企画発想のプロセスは、喫茶店のコンサルを思い浮かべるとわかる。

第3章　リボンフレームを用いた「企画のまとめ方」　2つの演習

3-2 〈リボンフレーム・STEP1〉現状分析①
相談を受けたあなたがすること

POINT　　悩みの元を推測しながら、その解決法も同時に考える

「最近怒りっぽい」ことに関して相談を受けた側は、一体どういうシチュエーションでどう怒っているのか、合いの手や質問をはさみながら、相手から根掘り葉掘り必要な情報を聞き出しますよね。

　また、悩みは相手の表現や表情を見ながら聞くと思います。相手がどういう表現でどういう表情で悩みを訴えているのかを見ながら、その状況を思い浮かべます。

　さらに言うと、B子さんの性格や日頃の言動など、それらの情報も踏まえて、あなたは悩みの基を推論するわけです。

　そして、ここが重要なポイントなのですが、**あなたは悩みの基を推測しながらも、その解決法も同時に考えています**よね？

　例えば、「悩みの原因がこうだとしたら、こうしたらいいんじゃないかな」とか、「でもそうじゃないとしたら、違う対策がいるな」などと。

　このように、現状分析をしながらも「だったら、こうしたらいい」と**人間の頭はすぐ結論も考え始めるという傾向**があるのです。

　先ほどの喫茶店でのコンサルで考えることの後半、②悩みの原因を推定する、 及び③悩みの解決策を思案する は、ほぼ同時に行われているのです。

　リボンフレームでは、その辺の人間の脳の働きを活かし、現状分析をしながら同時に浮かぶ施策もしっかり埋めていくのです。

〈 悩みの基と解決法を同時に考えている 〉

悩みの原因は
こうじゃないかな？

だったら、こうしたら
いいんじゃないのかな

Check it!

- ☑ あなたはまず悩みの原因を夢想するはず。
- ☑ そして同時に、解決策も思い巡らせている。

第3章　リボンフレームを用いた「企画のまとめ方」　2つの演習

3-3 〈リボンフレーム・STEP1〉現状分析②
リボンフレームの左端を埋める

POINT　　様々な原因仮説を記述する

　前項で紹介した人間の思考回路の特徴を踏まえて、リボンフレームづくりに取りかかってみましょう。

　あなたはB子さんの話を聞きながら、彼女が最近怒りっぽくなっている原因について、色々考えを巡らせてみました。

例えば…
　　→ 忙しすぎるから
　　→ 食生活が不規則で偏っているから
　　→ 夫が家事をやらないから
などなど。

　様々な仮説があなたの頭の中に浮かびますね。
　これらを全部リボンフレームの左側の「現状分析」の部分に書き出します（次頁の図参照）。

〈 リボンフレームの左端を埋める 〉

現状分析

- 忙し過ぎる
- 食生活が不規則で偏っている
- 夫が家事をやらない

Check it!

☑ まず、リボンフレームの左端を埋める。

3-4

〈リボンフレーム・STEP1〉現状分析③
右端も埋め、矢印で結ぶ

POINT　　矢印で課題の絞り込み作業がやりやすくなる

　次にやることですが、あなたは原因を考えている時、同時に解決策も考えているので、脳に浮かんだことを無駄にせず、右側の④施策の部分に全部メモしておきます。

　例えば、「忙し過ぎる」というのが原因だとしたら、「朝活で瞑想でもしたらどうか、そうすればリフレッシュできるのでは？」と考えます。すると、「朝活で瞑想する」は施策ということになります。これをメモしておくのです。

　また、「食生活が不規則で偏っている」のが原因だとしたら、「サプリを買って栄養バランスを回復するのが手っ取り早いのでは？　確かいいサプリがあったはず」と考えます。

　あるいは、「夫が家事をやらない」ことに原因があるとしたら、「家事の平等分担を提案するのがいいのではないか」と考えます。

　予想した原因と浮かんだ**それら解決のアイデアも、リボンフレームの右端④施策にメモして、左端の①現状分析との対応関係を「矢印」で指し示しておきます**（次頁の図参照）。

　そうすると、**原因推定と解決施策の関係が一遍に把握でき、次のステップの「課題」の絞り込みが非常にやりやすくなります。**

　それによって、結果的に企画作業がスピードアップするのです。

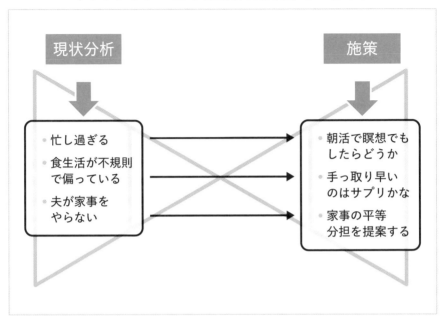

Check it!

☑ リボンフレームの右端「施策」も埋め、「現状分析」と矢印でつなぐ。

3−5

〈リボンフレーム・STEP2,3〉課題と戦略
戦略はこれだと決める

POINT　　原因を特定し、「ロジック3点セット」をつくる

さて、リボンフレームの両端が埋まったら、「**課題**」の絞り込みを行い、「**戦略**」と　「**理由**」の**ロジック3点セット**をつくります。

B子さんの例では、悩みをよくよく聞いていると、やっぱり「忙し過ぎて余裕がないこと」が原因なんじゃないかということがわかってきました。

だとすると、課題は「何とか余暇時間をつくる」ということに絞り込まれます。

さあ、これを基にロジック3点セットをつくってみましょう。

課題は、「何とか余暇時間をつくる」です。

そして、**戦略＝解決の考え方**ですが、実は先ほどもう施策の部分で考えてありましたよね。「朝活で瞑想をやるなんていうのはどうかな」とあなたは思いついていました。それを適用すれば良いのです。

ただし、書き方に注意しましょう。「朝活で瞑想」はあくまで施策のところです。**戦略のところは、それを包含するもう少し大きな括りにして書きます。**ここでは、「朝活を活用する」にします。

そして、**最後に戦略の理由の部分を記述します。**

何故、朝活が良いと思ったのか、改めて考えてみると、「早起きは健康に良いし、朝活と言えば夫への免罪符になるから」だと気づきました。

以上、この脳の思考回路をリボンフレームに落とすと、課題は「何とか余暇時間をつくる」、戦略は「朝活をする」、理由は「早起きは健康にいいし、夫への免罪符になる」となるわけです。

〈 ロジック 3 点セットをつくる 〉

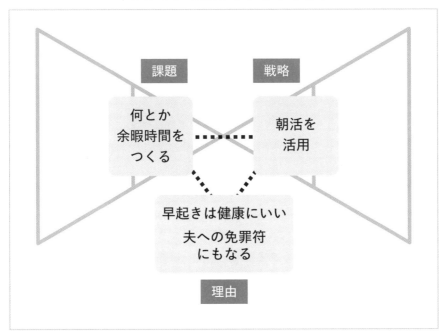

Check it!

☑ これだと決め、「ロジック 3 点セット」をつくる。

3 - 6

〈リボンフレーム・STEP4〉施策
企画はすでにできている

POINT　　　リボンフレームで説得してみる

　ここまで書き込めたら、企画はもうできたも同然です。何故なら、「現状分析」「課題」の絞り込み、解決する「戦略」、そのための「施策」のアイデアがすでにリボンフレームに浮き出ているからです。

　ただ一つ、施策のアイデアを具体化する必要があります。

　最初のアイデアは、「朝活で瞑想でもしたらどうか」でした。

　そして2人の職場の近くに「丸の内朝活クラブ」があって、そこでマインドフルネスというプログラムがあることをあなたは知っており、それを具体策にすることにします。

　こうしてあなたは、B子さんにこういうアドバイスをすることができます。「B子の悩みの原因なんだけど、やっぱり忙し過ぎて余裕がないっていうことなんじゃないかな。だから、1日の間で何とか余裕を持つ時間をつくるのがいいんじゃないかしら。だったら、朝活を活用するっていうはどう？ ちょっと1時間早く家を出ればいいだけだし、旦那にも迷惑かけないし。第一早起きは健康にいいわよ。……確か、職場の近所に丸の内朝活クラブっていうのがあって、そこは色々なプログラムがあるんだけど、その一つにマインドフルネスというのがあるみたいよ。試しに参加してみたら？」

　見事に理屈の通った分析と提案になっていると思います。喫茶店でのコンサルは、企画作業のお手本を示しているとも言えるのです。

　このように、**企画作業を難しく考え過ぎず、この手順を思い浮かべながらリボンフレームに落とし込めば、効率的に作業をすることができます。**

〈 施策を具体化する 〉

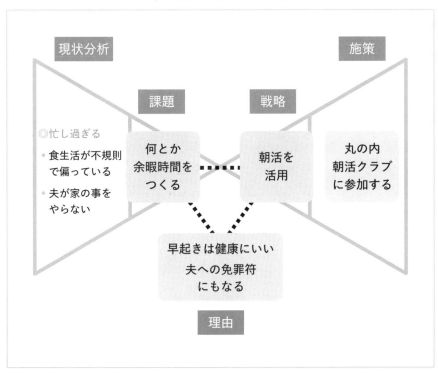

Check it!

☑ リボンフレームが埋まったら、施策を具体化する。

☑ できたら、リボンフレームの流れに沿って相手を説得してみよう。

3-7 〈リボンフレーム・起点〉オリエン
街の本屋さんから相談を受けた

POINT　　あなたの理想の本屋さんを思い描くことから始めよう

　演習の2つ目は、クライアントの依頼事項が明確な事例を取り上げます。それは、「街の本屋さんの再生企画」です。

　とある書店のオーナーさんから、こんな相談を受けたとします。

「このところ、売り上げが減少し続けている我が書店を再生したい。どんな案で立て直したらいいか」という相談です。

　今や本屋さんがパタパタと潰れているのはご存知かと思います。それには各書店それぞれの原因があるのでしょうが、あなたの街、もしくは最寄り駅の書店を思い描いて考えてみてください。

　ちなみに、この書店のオーナーさんのプロフィールは次のような感じです。

「根っからの本好きで、本にかなり詳しい。また、お客さんに親切。顔見知りも多く、商店街の役員もやっている」。

　以上の情報から、初動ではどんなイメージが浮かぶでしょうか？　次項目から考えていきましょう。

〈 オリエンの要旨 〉

> ！ このところ、売り上げが減少し続けている
>
> ！ 我が街の我が書店を再生したい
>
> ！ どんな案で立て直したらいいか

Check it!

☑ まずはオリエンをしっかり読んで確認する。

3 - 8

〈リボンフレーム・STEP1〉現状分析
不振原因と解決策を同時に考える

| POINT | コツはポジティブ要素も抽出すること |

■ まず市場で何が起きているか、自分たちの立ち位置を調べる

　さて、初動でやるべきことは、市場全体で何が起っているかを調べることです。自分たちが今どういう立ち位置にいるかの「**現状分析**」をすることですね。

(1) 市場全体と自分たちの立ち位置の把握

- ネットで関連データを検索してみると、2つの記事データが目に留まりました。一つは、本屋の店数はずっと右肩下がりで、特に街の中小店への影響が大きいとのこと。
- もう一つは、人々が本自体を読まなくなっていること。また、書店ではなくAmazonなどのネット通販で本を買うようになっていることです。
- 上記から書店を取り巻く状況や売上不振の原因がわかり、中でも街の本屋さんが一番ピンチに立たされている結構根深い問題だなと認識しました。

　次にやることは、**悩みや問題点の解消のために、何かポジティブな情報や解決のヒントになる情報**を探ることです。

(2) 問題点解消要素・ポジティブ要素の抽出

- 本好きの人々は、街の本屋さんがなくなりつつあることを憂えている。そんな記事がたくさんありました。わかるような気がするなと思いました。何故なら、本を直に触って選んだほうが嬉しいからなあと思いました。
- もう一つ、そんな中でも健闘している仲間はいないかとググってみました。そうすると、2つの本屋さんの例が出てきました。
- 一つは『ヴィレッジヴァンガード』というお店で、そのお店では書店の他に雑貨類も取り揃えていて、手書きPOPなど手づくり感満載な陳列棚が評判の店です。

第3章

リボンフレームを用いた「企画のまとめ方」 2つの演習

127

〈 現状分析と施策 〉

現状分析	課題	戦略	施策

▼

- 本を読まない人が増えた
- ネットで買う人が増えた
- 店頭の賑やかしで生き残り
  をしてるところあり
- 本屋がなくなることを
  憂えている人も多い

理由

- 雑貨・文房具を売る
- カフェを併設する
- ネットに進出する
- トークショーなどの
  イベントをやる
- 手書きPOPで選びやすさ
  と賑やかさを演出
- この本屋のファンに
  応援してもらう

- もう一つは、東京下北沢の『B & B』というお店で、そこでは毎日のように作家さんやクリエーターさんを招いてトークイベントをやっており、本好きが集まって賑わっているとのことです。
- この事例は使えそうだなと思い、書き留めておきます。

■ リボンフレームの両端を埋める

　以上のような観点で集めた情報を書き留め、箇条書きに整理しておきます。そして、これを基に、リボンフレームの両端を埋めていくのが次の作業です。

　ここでは便宜上、さらに一歩進んだ整理として、**問題点**と**機会**という形で整理しました。

　まず、左端に**問題点**として挙げたのは、1点目が「本を読まない人が増えたこと」、2点目が、「ネットで買う人が増えたこと」です。

　一方、**機会**としての1点目が「店頭の賑やかしで生き残りをしているところがあること、2点目は、「本屋がなくなることを憂えている人も多いこと」です。

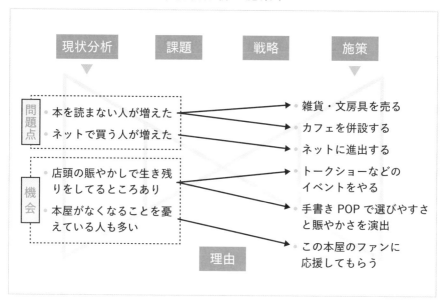

〈 現状分析と施策 〉

| 現状分析 | 課題 | 戦略 | 施策 |

問題点
- 本を読まない人が増えた
- ネットで買う人が増えた

機会
- 店頭の賑やかしで生き残りをしてるところあり
- 本屋がなくなることを憂えている人も多い

理由

- 雑貨・文房具を売る
- カフェを併設する
- ネットに進出する
- トークショーなどのイベントをやる
- 手書きPOPで選びやすさと賑やかさを演出
- この本屋のファンに応援してもらう

次に、これらに対応して出てきた施策アイデアが、「本だけではなく、雑貨や文房具を売る」、あるいは、「カフェを併設する」です。

また、Amazonへの対抗策として、「いっそネットに進出する」も考えました。

これらはどちらかというと、リアル本の売り上げ不振という問題点の解消に対応していますので、右端の上部に記述しておきます。

施策のアイデアとして、さらに、「トークショーなどのイベントをやる」「手書きPOPで選びやすさと賑やかさを演出」「この本屋さんのファンに応援してもらう」を挙げました。

これらは機会の観点から発想されていますので、右の下の方に記述します。

このように両端を埋めていくと、課題の絞り込みの参考になると共に、有効な解決法に結びつけて考えていけるというメリットがあります。

Check it!

☑ 現状分析は、不振要因の洗い出しとポジティブ要素・事例の抽出をする。

☑ そして解決策も夢想しつつ、リボンフレームの両端を埋める。

3-9

〈リボンフレーム・STEP2〉課題
顧客に注目し、適切な課題を抽出

POINT　　お客様の数を何も 10 倍にする必要はない

さあ、次は「**課題**」の絞り込みです。

この場合、問題点の 1 つ目の「本を読まない人が増えた」は、出版業界の構造的な問題です。街のいち本屋さんが解決するには荷が重いというか、解決不能と考えました。

一方、機会の観点で見出された 2 つのポイント「店頭での賑やかしで生き残りをしているところがある」、「本屋さんがなくなることを憂えている人も多い」は、良い問題解決の端緒になりそうです。

課題とは、良い問いの設定と述べました。この場合の良い問いとは何でしょうか？

私はこの書店の顧客に注目します。

何と言っても街の本屋さんですから、大型店とは違いお客様の数は元々限られていますし、何も客数を10倍にしなければならないタスクがあるわけではありません。

しかし、今時はその便利さからネット通販を利用してしまいがちで、その分お客様が減っているのが実態です。であれば、**何かネット通販にない付加価値を見出し、店舗を訪問する動機を失ったお客様を呼び戻すのが現実的ではないか**と考えました。しかも、お客様はこの書店の本好きの店主に共感を持っているはず。

こういう思考が「良い問い」の設定につながります。

そこで課題を、「ネットに流れているかつてのお客様の呼び戻しを図る」に設定しました。

〈 課題の設定 〉

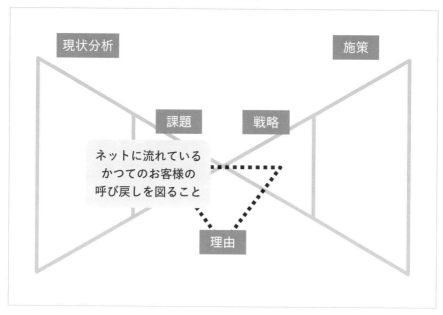

Check it!

☑ 顧客の状況を推定し、適切な課題を設定する。

3-10 〈リボンフレーム・STEP3〉戦略
戦略と理由を同時に考える

POINT　　結果的に、「ロジック3点セット」になる

　課題が設定できたら、次はそれを解決する「**戦略**」とその「**理由**」の書き出しです。いわゆる「**ロジック3点セット**」を完成させます。

　結論から言うと、課題を解決する戦略は、「顧客が喜ぶイベントをやって街の本屋さんの良さを実感させる」としました。

　どう導き出したかというと、まずは、ネットに流れているお客様の呼び戻しにあたって、ネットにはない付加価値とは何かを考え巡らせたのです。

　そのこと自体、実は戦略の理由になっています。つまり、「**リアルの良さをアピールすることによって、お客様を振り向かせることができる**」という考え方を基底にして、それはお客様を集客するイベントではないかという**戦略**に至ったということです。

　戦略（＝解決の考え方）とその理由は、次頁の図のように簡潔に記すことがポイントです。

　そのことで、**ロジック3点セット(課題、戦略、理由）の関係が可視化され、ロジックがしっかり通った企画書の土台ができる**わけです。

　さあ、これでロジック3点セットが完成しました。

〈 ロジック 3 点セット 〉

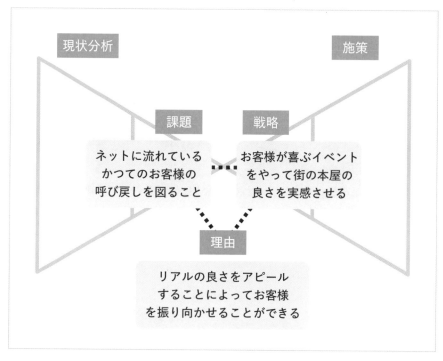

Check it!

☑ 課題を解決する戦略とその理由を記述する。

☑ すると結果的に、「ロジック３点セット」になる。

3-11 〈リボンフレーム・STEP4〉施策
戦略に沿う施策をブラッシュアップ

POINT　　イベントだけでなく、SNS施策を加えるという工夫

　リボンフレームの最後にやることは、「施策」の精緻化です。

　戦略が決まったので、それに沿って施策を絞り込んだり、新たに考えたりしていけば良いわけです。

　まず最初に記述したそれにそぐわない施策には×を付けて、削除します。

　そして、**戦略に沿うものに○を付けて、その文章をブラッシュアップします。**

　残した一つは「この書店でそこそこ人気のある作家さんを呼んで、飲み物付きでちょっとした**トークイベントをやる**」にしました。

　そしてもう一つは、「**ビブリオバトル**」です。

　これは、「この書店のファンに応援してもらう」という当初の施策をより具体化したものです。

　ビブリオバトルとは、2人の読者に自分のお気に入りの本についてその魅力、感動ポイントなどを語ってもらって、それを見ていた聴衆がどちらのプレゼンに心を動かされたかを投票で競うというゲームです。

　具体的には、この本屋のファンの何人かにプレゼンターをやってもらい、それぞれ違った本を紹介し、どれが読みたくなったかをお客様に選んでもらうという提案にしました。

　そして最後に、「**書店のLINE友達を募り、こまめに情報提供する**」を新たに加えました。

　LINEを通じてビビッドな情報を提供すれば、馴染みのお客様のつなぎ止めや来店促進につながると考えたのです。

　さて、これら3つの施策を実行するということで、リボンフレームが完成しました。後は企画書に落とし込むだけです。

Check it!
☑ 戦略に沿った施策に絞り、精緻化する。

〈 戦略に沿った施策にする 〉

| 問題点と機会 | 課題 | 戦略 | 施策 |

- 本を読まない人が増えた
- ネットで買う人が増えた
- 店頭の賑やかしで生き残り
をしてるところあり
- 本屋がなくなることを
憂えている人も多い

× ・雑貨・文房具を売る
➡文具店も減っているし、
スペースが限定される

× ・カフェを併設する
➡実際に調べたが、
カフェスペースがない

× ・ネットに進出する
➡いち本屋では
Amazonに勝てない

○ ・トークショーなどの
イベントをやる

△ ・手書きPOPで選びやすさ
と賑やかさを演出

○ ・この本屋のファンに
応援してもらう

理由

| 問題点と機会 | 課題 | 戦略 | 施策 |

- 本を読まない人が増えた
- ネットで買う人が増えた
- 店頭の賑やかしで生き残り
をしてるところあり
- 本屋がなくなることを
憂えている人も多い

ネットに流れているかつてのお客様の呼び戻しを図ること

顧客が喜ぶイベントをやって街の本屋の良さを実感させる

・LINE友達を募りコマめに情報提供
・本の解説会（ビブリオバトル）
・作家トークイベント（飲み物付き）

リアルの良さをアピール
することによってお客様を
振り向かせることができる

理由

3 - 12

〈リボンフレーム・STEPのまとめ〉
行う作業はざっくり3つ

POINT　　　拡散・集約・精緻化の流れ

　リボンフレームにおける今までの作業過程を整理して見てみましょう。

　作業はざっくりいうと、**拡散、集約、精緻化の3つの流れ**からできています。

（1）拡散：リボンフレームの両端を埋める

- まずは、拡散思考を発揮するフェイズです。
- オリエンテーションを確認し、個人やチームで考えたことを掃き出し、リボンフレームの両端を埋めます。
- 脳は原因と解決策を同時に考えているという特徴を活かして記述します。

（2）集約：ロジック3点セットをつくる

- 次は、集約思考を発揮するフェイズです。
- 両端を眺めながら、この場合の良い問いの設定は何かを考え、課題として絞り込みます
- その上で戦略と理由を考え、「ロジック3点セット」をつくります

（3）精緻化：施策をブラッシュアップする

- これで大体リボンフレームが埋まったので、最後に戦略に沿った施策に絞り込み、また、関連性のある施策を加えるなどします
- そして、それぞれの施策をブラッシュアップします。

　これがリボンフレームを基にしたSTEPになります。

〈 リボンフレームの作業の流れ 〉

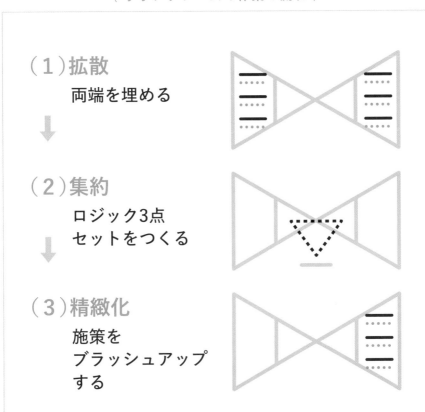

（1）拡散
　　両端を埋める

（2）集約
　　ロジック3点
　　セットをつくる

（3）精緻化
　　施策を
　　ブラッシュアップ
　　する

Check it!

☑ 最初に両端を埋め、次にロジック3点セットをつくり、最後に施策を
ブラッシュアップする。

企画書の書き方の
実践的テクニック

Business Proposal & Presentation

4-1

〈企画書の勘所〉
社会課題と紐付けて考える

POINT　　現状分析は大きな視点で

第4章では、企画書の書き方の実践的テクニックについて解説します。

基本のキの部分から、応用テクニックまで詳述しますので、場合によっては[第5章 企画書の書き方の演習]（197頁〜参照）を先行して読んでいただいてからでも良いかもしれません。

まず、「現状分析」の書き方として、**大きな視点、中長期の視点から記述する**とスムーズに伝わりやすく効果的です。また、依頼事項は、その時の**社会課題と向き合っていることが多い**です。

逆に言うと、「オリエンテーションの確認」（与件）としてクライアントに与えられた課題の本質を探っていくと、社会課題に突き当たるということでもあります。

ですから、現状分析の書き方として、その時の社会課題と紐付けて考えることで大きな視点での解決戦略や施策が見えてきますし、そのような意志を相手に伝えられます。

次頁の図で示した事例は、ある住設メーカーのブランド強化の企画書の、現状分析にあたる冒頭部分です。社会の動きを、少子高齢化、SDGs、災害激甚化、DXなどのキーワードを交えて記述し始め、次頁以降それぞれについて深堀りしていき、本題の社会価値を増幅するブランディング戦略に結びつけていきます。また、参考までに、昨今キーワードとなっている**社会課題一覧**も挙げておきます（2021年現在）。

Check it!

☑ 「現状分析」の書き方として、大きな視点、中長期の視点から記述すると効果的。

☑ 依頼事項は社会課題と向き合っていることが多い。「現状分析」はそれを認識しつつ始める。

ある住設メーカーへの企画書の現状分析の例

現状分析

- コロナ禍の影響で、世界的に企業環境が激変している。そうした中、**今後の社会環境変化の本質を見据えたコーポレート・ブランディングが必要**となっている。
- 大きくは４つの変化がある。
- 一つ目は、我が国の課題である未曽有の少子高齢化と共に、コロナ禍がもたらす**ライフスタイルの変化**。日本社会の有り方と共に、特に住まい方ニーズの大きな変容をもたらす。
- 二つ目は、コロナ禍が触媒となって、**SDGs＝地球存続への取組**が益々重視されるということ。個々の企業にあっては新たな時代に向けての企業の存在意義が問われ、いわゆる「**社会価値」の重要性が高まる**ことが予想される。
- 三つ目は、地球温暖化による気候変動、**災害の激甚化**。
  毎年日本各地に大きな被害をもたらしているのは周知の所である。住宅設備メーカーにとっては、恒常的に対応を迫られるテーマとなってきている。
- 四つ目は、**急激なDX（デジタル・トランスフォーメーション）が進む**ということ。顧客やステークホルダーに向けて、より利便性の高い、かつ細やかな対応（Society5.0のコンセプト）が必要となってくる。
- 従って、これらを踏まえたコーポレート・ブランドの強化が求められる。

日本が抱える主な社会課題

■少子高齢化	■マイクロプラスチックス
■所得格差	■災害激甚化
■年金問題	■食品ロス
■後継者不足	■DX化
■LGBT	■グリーンエネルギー
■ジェンダー格差	■個人情報の漏洩
■ハラスメント	■デジタルデバイド
■国家借金	■地方創生
■国民医療費	■ソーシャルディスタンス
■空き家問題	■アフターコロナ
■インフラ老朽化	

4-2 〈企画書の勘所〉
長期にはバックキャスティング法

POINT　リボンフレームのオリエンの確認に組み込む

　SDGsを取り入れた会社業容の変革やコーポレート・ブランディングなど、テーマが大きく中長期に亘る場合に有効な企画手法として、「**バックキャスティング法**」というものがあります。

　バックキャスティング法とは簡単に言うと、次頁の図のようにまずゴールイメージのありたい姿（desirable future）を設定してから、それに近づくため、どのような戦略や施策を打てば良いかを**逆算して考えていく**手法です。

　この手法のメリットは2つあって、一つは、理想の姿の設定から始めるので**目標が大義のある野心的なものになり**、また、現有資源を無視して考えて良いので**企画のオプションが広がる**ことです。

　もう一つは、時系列な段取りを決めていくことが求められるので、ステップ・バイ・ステップの**着実な積み上げのシナリオを描ける**ことです。

　これを、リボンフレームにどう組み込むかですが、オリエンを解釈して、我々としてはこういうゴールイメージを描いたという頁をつくって始めます。

　つまり、**オリエンの確認を中長期で達成するゴールイメージと見立てて、それを達成するためにはどのような課題と戦略で、どのようなステップで達成していくかという方針を軸に**作業を進めていくのです。

〈 バックキャスティング法 〉

バックキャスティング法とは

Desirable futue※

未来の自分

Where are we?

How to achieve
どのように
達成するか
（課題と戦略と施策）

今の立ち位置

※自分たち(の会社)のありたい未来という意味

バックキャスティング法のメリット

① 目標が大義のある野心的なものになり、また、企画のオプションが広がる

② 時系列の着実な積み上げのシナリオを描ける

Check it!

- ☑ バックキャスティング法は、理想のゴールイメージをつくってから逆算して、戦略や施策を考える手法。
- ☑ 中長期の大きなテーマの企画に有効。

4-3

〈企画書の勘所〉
多少長くてもキーワード化する

POINT　キャッチコピーほどかっこ良くなくても OK

　企画書の記述法として、**キーワード化して何を言いたいかを端的に表し、それを前面に押し出して表示する方法が有効**です。

　いわゆるキャッチコピーですが、広告会社にいたのでその伝わりやすさを実感してきました。企画書内でキーワードを設定し、うまく使うことを考えましょう。

　ただしここでは、コピーライターがつくるような気の利いたコピーである必要はありません。**文字数は多少長くても構いませんので、相手に伝わりやすいコピーにすることを考えます。**

　記述の展開としては、例えば、戦略の頁は、まずはキーワードから始まり、その下に考え方を説明します。

　次頁の図は、［第8章 4つの企画書範例］（310頁参照）からの抜粋です。

　リボンフレームを使うと、特に課題や戦略などの記述は、要点を絞って文章を短くまとめていくための良いトレーニングになります。

---

7. 戦略 8

「快適睡眠時空」ブランドを立上げ

トータルで質の良い眠りをサポートするこれまでにないブランド

- 調査から、「快適な眠りを持続したい」、「眠りの質をよくしたい」という消費者インサイトを発見
- それらをホリスティックに解決する商品ライン、サービスを一つのブランドにして立ち上げる

◇眠りの快時間：AI電動ベッドとAI電動枕の開発・導入

◇寝入りばなの快空間：新発想のベッドサイドラックで
　　　　　　　　　　　　寝入りばなを支援

◇快睡眠コンシェルジュ：常時眠りの質を記録し、
　　　　　　　　　　　　アドバイスするアプリを開発

Check it!

- ☑ 伝わりやすい企画書の記述のコツは、キーワードを前面に出して、何を言いたいか端的に表すこと。
- ☑ 文字数は多少長くても構わず、わかりやすければ良い。

4-4 〈企画書の勘所〉
数字は人の興味を惹きつける

POINT　　文字を2段階くらいサイズ・アップすると非常に効果的

　ビジネス書でベストセラーになった『伝え方が9割』（ダイヤモンド社）など、本のタイトルでも数字の強調が有効なように、**数字は人の興味を惹きつけます**。

　企画書でも数字をうまく目立たせることで、強い印象付けができます。

　企画書内で、ここは**重要という部分の数字を強調**しましょう。

　手法としては、文字のサイズを上げる、ボールド（太字）にする、下線を引くなど色々ありますが、私の経験では、文字サイズを**2段階くらい上げておくと非常に効果的**だという体感があります。

　例えば、16ポイントの文章中、その部分の数字だけ20ポイントにするなどです（図は［第8章 4つの企画書範例］（305頁参照）からの抜粋）。

　また、**企画書の図表やグラフの中で、特に注目させたい部分でこの手法を使う**のも有効です。

2－2. 市場環境分析②

3

市場の絞り込み視点

ヘルスケア意識の高まり

- 「健康寿命に留意する」と答えた人の割合は
  年々上昇
- 特に2020年はコロナ禍で、88%と大幅上昇

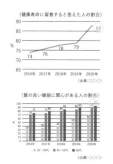

〈健康寿命に留意すると答えた人の割合〉

〈質の良い睡眠に関心がある人の割合〉

（出典：○○○）

睡眠市場への関心の高まり

- 「質の良い睡眠」に関し、毎年関心者が増加
- 2020年は40、50代が90%、60代以上が95%に

スリープ・テック※市場が勃興

- 寝具会社、サプリ会社、アプリ会社など数社が進出も
  まだ本格的に手をつけられていないブルーオーシャン市場

※質の良い睡眠をテクノロジーで向上させるビジネスモデル市場

Check it!

- ☑ 数字は人の興味を惹きつける。カギになる数字を強調しよう。
- ☑ 具体的には、文字サイズを上げる、ボールドにする、下線を引くなど。
- ☑ 図表やグラフでも有効。

4-5

〈企画書の勘所〉
ユーザーの声こそ最強の説得材料

POINT　　自社の顧客に興味のない人はいない

　企画書内にユーザーの声を入れておくのは説得力を裏付ける有力なサポートとなります。

　自社のお客様やポテンシャル顧客は収益に直結しており、その一挙手一投足に興味がないクライアントはいないからです。

　私は比較的大きなプレゼンの場合、自主的にユーザーやターゲットに事前調査を実施して、結果を戦略や企画に活かしていました。

　生活者発想の原点とも言える行為なので、博報堂でも広く活用されており、私の場合は欧米、アジア、中国などでもこれを実施し、大きな効果を発揮しました。

　予算の問題もあるでしょうが、サンプルが少数の簡易調査でもそれなりに意味があります。**相手側に熱意や本気感が伝わる**からです。

　企画書内にどのように挿入するかですが、次頁の上図のように**対象者の生の声をビジュアルでわかりやすく表現する手法が効果的**です。

　一方、同下図のように調査の詳細を記述したり、文字ばかりで展開したりするとあまり効果がありません。見る側は逆に飽きてしまう可能性があります。

　それらは、アペンディクス（資料）に収容しておき、後で確認できるようにしておくのが良いでしょう。

Check it!

- ☑ 企画書にユーザーの声を挿入することは説得に有力な手法。
- ☑ 簡易な自主調査でもそれなりに意味がある。熱意や本気感が伝わるから。
- ☑ 企画書本体にはビジュアルを使い、簡易にわかりやすく表現する。
- ☑ 調査詳細はアペンディクス（資料）に入れる。

From Research

Feel Sporty and High status

'Drastically different because of Its attractive interior design. It looks Dynamic and sporty'

'A sporty car that matches my personality & lifestyle'

'Above-class driving dynamics and high status feel'

'Front and rear design that's sporty yet suggests high status.'

SOURCE：××××××××××

調査分析結果

1）新しいモノ・コトが所有・体験できる特別感
　①従来と大きく違う新しい技術を試せる
　　・今までにない技術。新鮮で魅力的、試してみたい。今後の発展のトレンド
　②知性的で品位が優れている
　　・知性、品位を感じ、精神面のレベルが上がる
　③従来の高級車とは異なる、控えめな贅沢感を味わえる
　　・一目ですぐに豪華だとは思わせない、わかる人には自然にわかる控えめな贅沢感がある
2）今までとは違う、一歩進んだ自分になれる特別感
　①希少性（持っている人が非常に少ない）があり、注目される
　　・見かけない。身近な人も誰も持っていない。希少でユニーク、高級。注目を浴びメンツが立つ
　②世の中の先端に立ちリードしている、オピニオンリーダーになれる
　　・時代の流れの先、最先端に立てる。人より先行し、自慢できる。オピニオンリーダーになれる。自慢、優越感
　　・トレンディ、おしゃれでファッショナブル。自信満々になれる
　③自分をアピールでき、周りの人への影響力が上がる
　　・クルマに詳しい玄人や専門家のよう。他人が自分の勧めで買えば自分の価値が認められる。誇りに思う

4-6

〈企画書の勘所〉
ターゲットは必須要素

　本書の冒頭で、戦略は企画書の要（かなめ）と述べましたが、戦略を立案する場合、**誰に働きかけるのか（for whom）** という視点は必ずついて回ります。

　ですから、戦略の頁には、**ターゲットに関する記述も入れる**ようにします。

　ターゲットをどのように設定するかは戦略により様々ですが、分類、セグメントの仕方の基準をいくつか挙げておきます。

①デモグラフィック視点

　……アンケートの最後にあるフェースシートのような分類法

　具体的には、性年齢、職業、未既婚、世帯構成、居住地などを明記すること。例えば、「ターゲットは都市圏在住の40代後半のビジネス・ウーマン」など。

②サイコグラフィック視点

　……趣味やライフスタイル、価値観など心理面から分類する方法

　例えば、「アーリー・アダプター＝EA層を狙う」など（EAとは新しいもの好きレベルの第2グループのこと。次頁の上図のイノベーター理論を参照）。家庭重視か個人ライフ重視か、環境重視か否かなどもあります。

③ブランド浸透度や好意度視点

　……非知名、知名のみ、理解のみ、体験（1回のみ、アクティブユーザー、非アクティブユーザー）、及びブランド好きのレベルから分類する方法

　コミュニケーションプランを立てる場合に有効なセグメント法です。

　例えば、「かつてよく来店していた非アクティブ・ユーザーを狙う」など。

　上記を包括して、**ペルソナ（外面、内面を含む自分）** と言うこともあります。次頁の下図は、そのクルマターゲットにおける記述の例です。

〈 イノベーター理論 〉

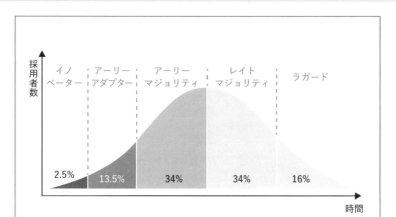

イノベーター理論とは、「新しい商品・サービス、ライフスタイルや考え方」などが世の中に浸透する過程を、5つのグループに分類したマーケティング理論。1962年にスタンフォード大学教授エベレット・M・ロジャースが提唱した

〈 クルマターゲットの記述例 〉

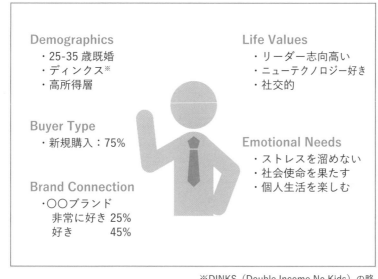

※DINKS（Double Income No Kids）の略

また、ターゲット層にどうアプローチするかの情報として、**タッチポイント**（日頃どのようなメディアに接触しているか）の記述をする場合もあります。（第8章67［範例④資料］344頁参照）

　要は企画書の内容、戦略に対応して、より具体的でリアルな記述の仕方を工夫することです。

Check it!

- ☑ 企画書には、誰に働きかけるのかというターゲットを必ず記述すること。
- ☑ 記述の仕方として、大きくはデモグラフィック視点、サイコグラフィック視点、ブランド浸透度や好意度視点、の3つの分類軸がある。
- ☑ タッチポイントを入れる場合もある。

4-7

〈企画書の勘所〉

KPIは入れるべきか否か

POINT 　必ずしも入れなくてもOK

　KPIとは、Key Performance Indicatorの略で、要するに**数値目標**のことです。最近の経営やマーケティングの企画書では、KPIを入れるのが当然という風潮になっています。背景には、ビッグデータによる可視化の時代になり、ビジネスの費用対効果もかなりのことが数値化できる環境になったことがあります。

　とはいえ、依頼事項によっては、目標を数値化するのが難しいものもあるのは事実です。

　一つ確かなのは、依頼者は提案の企画を実施すると、**一体どのような効果があるのかに必ず興味を持っている**ことです。ですので、それに応える準備はしておいたほうが良いでしょう。

　企画書のどの頁に入れ込むかですが、オリエンテーションにもよります。例えば、次頁の上図の〈第8章「新興国への新車X導入」の企画書より〉では、販売目標がKPIとしてオリエン書に記述されているので、企画書内でも前半にそれをそのまま記述します。

　一方、同下図の〈第5章「街の本屋さんの再生」の企画書より〉は、KPIとは書かず、最後に施策の効果として記述しています。

　KPI化や施策の効果の記述が難しい場合は、**無理に企画書に挿入せず、企画書本体に入れなくても**、**質疑応答で回答できるようにしておきましょう**。

Check it!

☑ KPIは入れるに越したことはないが、依頼事項によっては、KPI設定が難しい場合もあるので臨機応変に対応しよう。

☑ ただし、依頼者は企画の効果に必ず興味を持っている。できればそれに応えるべき。

2. 販売目標　2

月間 ×× 千台

マーケット・シェア 10%

8. 施策の効果　8

- **イベント効果**
  - 月2回開催、1回25人程度、客単価3,000円として、売り上げは15万円
  - イベント単独では、効果は限定的

しかし…

- **LINEによる来店促進効果**
  - イベントをきっかけに、本の入荷情報、お勧め本情報などこまめに情報提供を行う前提で
  - 現在、最盛時の7割の顧客数と仮定すると、
  - 現顧客の回転数を1.2倍、ご無沙汰客の半数が戻ってくるとして、ほぼリカバーできる計算となる

4-8

〈企画書の表紙づくり〉
基本レイアウト

POINT　表紙で伝える要素は４つ

　企画書のサイズですが、プリントアウトを前提とした場合、A4ヨコ、A4タテ、B4ヨコの3種類があります。

　昨今では、リモートでPCを使ったプレゼンも多く、その場合は印刷を前提としないので、4：3や16：9（横長サイズ）でスライドをつくる場合もあります。ここでは、Ａ４ヨコを基本にして解説していきます。

　表紙で伝える要素は次の４つで必要十分です。

①タイトル……次項目の〈企画書の表紙づくり〉「タイトルの付け方」を参考に
　　　　　　　してください。
②提案先名……左上に提案先名記述の後、半角か全角分をあけて御中と記述。
　　　　　　　全体に下線を引く。
③日付…………中央下に20XX年０月00日と西暦から月日まで記述する。
③提案元………日付の下に記述する。

　Ａ４タテやＡ３ヨコの場合も要素は同じで、上記の４つは次項の右図のように最上部に記述します。左上に提案先、真ん中上にタイトル、右上に日付と提案元を入れましょう。

　ちなみに、Ａ４タテ、Ａ３ヨコの場合は、表紙以下のオリエンテーションの確認（与件）、現状分析、課題、戦略、施策などの要素も一望できるかたちになります。

　見え方として、次頁、次々頁の図を参考にしてください。

Check it!

☑ プリントアウト前提のプレゼンの場合、サイズはＡ４ヨコが標準。

☑ 表紙の要素は、タイトル、提案先名、日付、提案元の４つでＯＫ。

A4 ヨコの場合

○○○○ 御中

新商品 X 導入戦略のご提案

20××年 0 月 00 日
株式会社 ○○○○

A4 タテの場合

○○○○ 御中

20××年 0 月 00 日
株式会社 ○○○○

新商品 X 導入戦略のご提案

■与件 _____

■現状分析 _____

_____

_____

■課題 _____

■戦略 _____

■施策 _____

_____

_____

A3 ヨコの場合

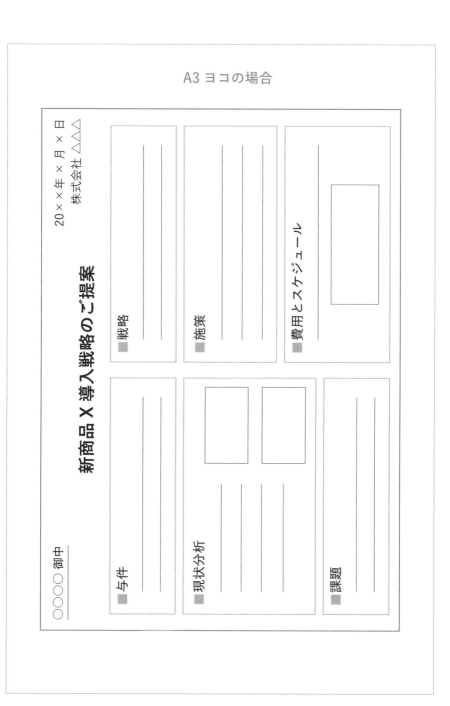

4-9

〈企画書の表紙づくり〉
タイトルの付け方

POINT **タイトルは奇を衒わずオーソドックスに書く**

　表紙タイトルは、提案のテーマを誠実にタイトル化したもので十分だと思います。

　たまに奇を衒って、「魔法のように売り上げを伸ばす」とか「今までにないアプローチ」など、**相手の気を惹くようなものもありますが、逆に過剰な期待を最初につけてしまい、逆効果になることが多い**です。

　それよりも、企画書が独り歩きした時に、誰もがわかりやすくスムーズに理解できるタイトルのほうがお勧めです。

　タイトルは短いほうが伝わりやすいですが、場合によっては長いセンテンスで伝えたいというケースもあります。

　その時は、タイトルの下に副題をつけて「〜○○○○〜」と処理するようにします。

　次頁の図は、第8章16［「K市の地方創生」の企画書］（280頁参照）の企画書の表紙の例です。

K市 御中

K市の地方創生戦略に関するご提案

～実効性を伴う施策化に向けて～

20××年
株式会社 ○○商事

Check it!

☑ タイトルはオーソドックスに書こう。

4 - 10

〈企画書のフォーマット〉
フォントと文字サイズ

POINT　フォントは「Meiryo UI」がお勧め

　企画書に使う文字のフォントですが、ずばり「Meiryo UI」がお勧めです。

　メイリオは、米マイクロソフトが開発した和文ゴシック体で、ヨコ組が読みやすく欧文との混植に適しており、広く使われています。

　Meiryo UIはメイリオの派生フォントで、メイリオと比較して行間、及びひらがなとカタカナの文字幅が狭いのが特徴。一言で言えば、「Meiryo UI＝やや横幅の狭いメイリオ」です。

　日本語はアルファベットに比べると横に長いという特徴があります。**Meiryo UI は横幅を圧縮したフォントなので、日本語の文章で展開するのに適している**ということです。

■ 見出しは 20 〜 24 ポイント、本文 11 〜 14 ポイント

　次に、フォントのサイズです。

　A4ヨコ企画書の場合の目安ですが、**見出しは20〜24ポイント**、一番目立たせたい**キャッチやコンセプト文は20〜28ポイント、本文は11〜14ポイント**で構成すると、全体にすっきり見え、かつメリハリが表現できるでしょう。

<〈 フォントの基本的サイズ 〉

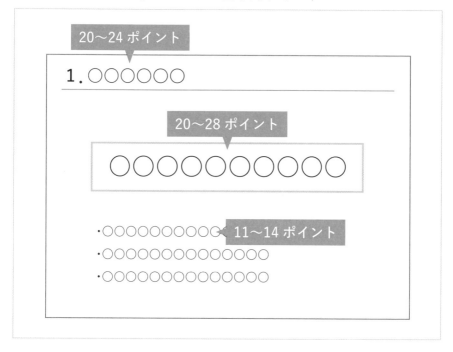

Check it!

☑ 日本語は英語に比べると横に長い。Meiryo UI は横幅を圧縮したフォントなので日本語の文章で展開するのに適している。

☑ 見出しは 20 ～ 24 ポイント、本文 11 ～ 14 ポイントが目安。

第4章 企画書の書き方の実践的テクニック

4 - 11
〈企画書の頁づくり〉
基本レイアウト

POINT　その頁の結論をわかりやすく表示する

　企画書の各頁のレイアウトについてですが、統一フォーマットにしてわかりやすくするのは言うまでもありません。

　ここでは、最もシンプルで世界にも通用するものを3つ挙げます。

　まず、左上の**見出しをしっかり識別できるように、その下に下線を引きます**（次頁の例①参照）。

　次に内容ですが、**各頁で言いたいこと、伝えたいことをフォーカスし、それをしっかり見せることができる構成**が有効です。

　例②では、言いたいことを上部に持ってきて枠囲いに。その下に、解説を箇条書きにして見る人の目に飛び込む構造にしています。

　この逆のパターンもあります。

　例③は、最初に解説を持ってきて箇条書きで並べ、矢印でつなぎ、最後に「だから……」という形にして結論を書くというパターンです。

　いずれもシンプルでわかりやすく、相手に伝わりやすい形式です。外国語で作成する場合もこの基本は流用できます。

Check it!

- ☑ 左上の見出しを本文と区別できるように下線を引く。
- ☑ その頁で言いたいことを上に置き、解説を下に置くパターンと、逆に解説を上に置き、結論として言いたいことをその下に置くというパターンがある。

〈 基本レイアウト 〉

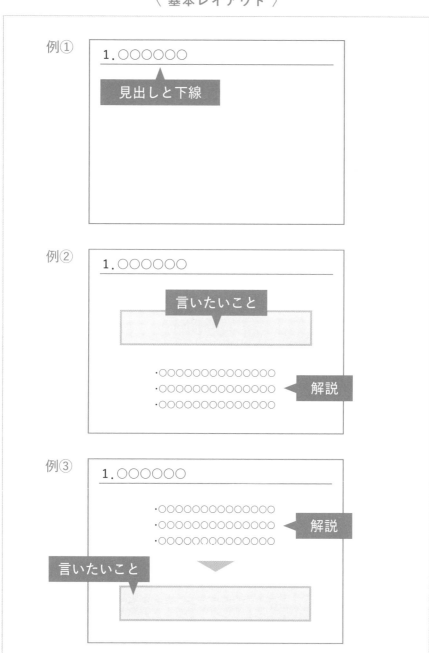

第4章 企画書の書き方の実践的テクニック

4 - 12

〈企画書の頁づくり〉
ボールドや体言止めでメリハリを

POINT　残したいメッセージを目立たせる

　企画書において全体の見え方に関わる文字のサイズや文字量、強調の仕方など も重要です。文字量は多いから内容が詰まって見えるというものではなく、あえて余白を残したり文字を装飾したりして、伝わりやすさを意識します。

　次頁の図の事例を見てください。

　結論をトップに持ってきて、表記にも工夫を凝らしています。「仕事を受けるから創るへ」は、**体言止めを使って標語風に記述し、文字サイズもひときわ大きく、また枠囲い、色付けもして相当目立つように仕向けている**ことがわかりますね。

　また、図の下の説明文は、文字サイズは結論部より小さくしていますが、これも各箇条書きにして見出しをつけ、詳細の説明はさらに文字サイズを小さくして見やすさを演出しています。

　全体として見れば結論部が瞬時に目に入ってくるので、そこが残したいメッセージだ、と見る側も一目で認識できます。

　このようにちょっとした見せ方の工夫で、言いたいことが格段に伝わりやすくなります。

4. 今後の戦略の考え方

仕事を「受ける」から「創る」へ

■戦略シナリオ
　1年目：まずは「受注」体制の強化、仕事を創る行為の企画、パイロット実験
　2年目：独自商品（サービス）の本格実験、実装化
　3年目：独自価値、独自商品を持つ組織へ（事業化も視野に）
■自分たちの独自価値を磨く
　・自分たちの強み × 時代のニーズ先読みで
　・社内外の知恵を集め、何が価値になるかを見定め、商品化に着手
■組織のコミットメントを得る
　・自分たちの価値を社会に拡大していくというシナリオを見せることでスタッフ
　　のコミットメントを得る

Check it!

☑ 色々な手段を使って、言いたいことを目立たせる。

☑ 文字のサイズ・アップ、ボールド、枠囲い、背景色、体言止めなどのテクニックを使う。

4 - 13

〈企画書の頁づくり〉
図表・ビジュアルで補強する

POINT　　特にグラフは大きなサポートになる

ビジュアルで補強するやり方も有効です。

次頁の例①は、**グラフや図表を使って理由や背景を説明**し、言いたいことを補強するパターンです。

グラフや図表は数字的根拠を際立たせ、結論や言いたいことを強力にサポートする重要な役割を果たします。そのつくり方の勘所は、第4章15（170頁参照）で説明します。その際、出典はしっかり明記しましょう。企画書の最低限のルールです。

例②は、写真を使って、言いたいことや実施したいことのイメージを補強するパターンです。

ここで注意が必要なのは、言いたいこととズレている写真を使ったり、誇張しすぎたりしているものを使うと、かえって誤解が生じやすくなることです。今はインターネットでグラフや図表、サンプル写真などを比較的容易に入手できますが、そのあたりの素材は慎重に選びましょう。また、写真がイメージの場合は「イメージ」と明記しましょう。

レイアウトについてはあくまで本文のサポートなので、下側に置くか右側に置くようにします。

Check it!

- ☑ 図表やビジュアルは、言いたいことの補強になる。
- ☑ レイアウトは本文のサポートとして下側か右側に配置する。

〈 図表・写真の配置 〉

例① **グラフを下層にレイアウト**

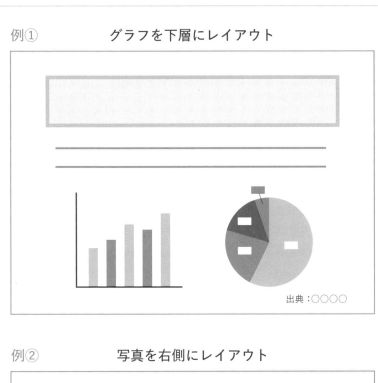

出典：○○○○

例② **写真を右側にレイアウト**

写真はイメージ

写真はイメージ

4-14

〈企画書の頁づくり〉
無理に余白を埋めなくても良い

POINT　要は言いたいことが必要十分であれば良い

　企画書をつくろうとしても、なかなか頁が埋まらなくて悩んだことはないでしょうか？　あるいは、ある頁はぎっしり埋まっているのに、ある頁はスカスカで、どうも見栄えが悪いなあと感じるなど。私も初心者の頃は、よくそのことを気にしました。

　そこで、見栄えを良くするために、あまり必要のない文章を持ってきて体裁を取り繕うなどしていました。

　しかし、必要な文章なら良いのですが、あまり必然性のない文章が添えられていたり、過剰な修飾語で飾られていたりするなど、それらで余白が埋まっていても何の意味もありません。

　例えば、次頁の図は、第8章［「R社新商品開発」の企画書］（308頁参照)」の課題の設定の頁ですが、このようにあまり文字が埋まらない頁があっても全然構わないのです。**余白ばかりだとみっともないという意識は捨てる**ことです。

　それよりも、**大事なのは言いたいことが絞り込まれた文章になっているか**どうかです。その上で、**頁と頁がつながっているかに留意**しましょう。

　本書は、リボンフレームでロジックをつくり、プレゼン原稿作成で話の流れをつないでいくことをお手本としていますが、実はそれだけで企画書は必要十分なのです。

> ### 5. どう参入するか（課題の設定）
> 6
>
> すなわち、商品開発の課題は
>
> # アフター60に
> # 睡眠をホリスティックに支援する
> # ブランドの構築

Check it!

- [ ] 余白を埋めるために無理に文章をつくらないこと
- [ ] 大事なのは言いたいことが絞り込まれているか。頁と頁がつながっているか。

4 - 15

〈企画書の頁づくり〉
「そぎ落としグラフ」をつくる

POINT　　　グラフの情報量を最適に整える

　企画書にグラフを挿入して説得力を補強するのは重要なテクニックです。

　文章での記述だけだとどうしてもわかりづらかったり、飽きたりしがちですが、そこに**グラフを挿入すると読み手の目に留まりやすく、またビジュアルなので目で見てわかりやすい**からです。しかし、グラフ自体が複雑で読み取りにくかったりすると、理解促進の目的のはずが逆効果になります。

　理解促進のためには、**言いたいことを伝えられる**要素に絞って残りは省略した「そぎ落としグラフ」をつくることをお勧めします。

　どのようにつくるかというと、考え方の手順は次の3つです。

① そのグラフから何を言うか
② そのためにどの部分を使いたいか（不必要な部分をそぎ落とす）
③ できたグラフで印象付けたい部分を目立たせ補強する

　こうすることで一段と迫力を増したグラフをつくることができます。

　例えば、次頁の図は若者の読書離れを実証するために使った「大学生の一日の読書時間分布」のグラフですが、パッと見、読書時間が減っているのかどうかがわかりません。そこで、数ある折れ線の中で、**「読書時間0分」に絞って表**すことにします。さらに、注目させたい数値の文字サイズを上げ、ボールドと枠囲いにして、50%ラインの補助線を目立たせることで、遂に過半数に達したというメッセージが一目瞭然に伝わります。

Check it!

☑ グラフの目的は数値による説得力の補強。そぎ落としグラフをつくる。

☑ 「何を伝えたいのか」、そのためには「どの部分を残すか」を決め、さらにできたグラフ内で強調する。

〈 そぎ落としグラフのつくり方の例 〉

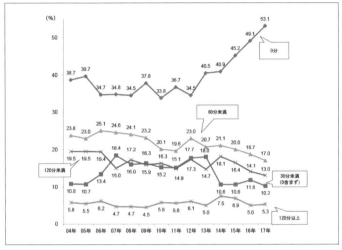

大学生の１日の読書時間分布

出典：全国大学生協調査より

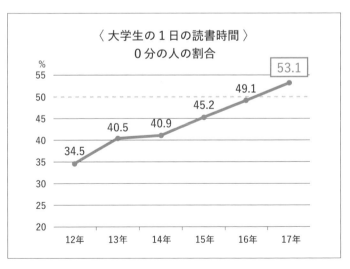

〈 大学生の１日の読書時間 〉
０分の人の割合

4 – 16

〈頁づくり〉頭が良く見える図解作成①

因子化

POINT　　因子に分解して要因を解明する

　ここでは、ちょっと頭が良く見える4つの図解のつくり方について解説します。これらは、現状分析から課題の設定、戦略化のところで使えます。

　まずは、「**因子化**」です。

　依頼者が抱えている悩みの根っこやその解決の方向性などに関し、因子化して示すと説得力を増します。

　わかりやすい例を挙げましょう。

　ファストフードの売り上げを因子化すると、「売り上げ＝客数×客単価」に分類されます。これはつまり、売り上げを因子に分解して真の問題点、あるいはチャンスを見つけようというアプローチですね。

　次頁の図を見てください。客数の減少が問題点として発見されたとき、客数をさらにヘビーユーザーとライトユーザーに分解して、それぞれの売り上げへの貢献度を見たところ、ヘビーユーザーが顕著に減少していることがわかりました。そうであれば、課題は自ずと「ヘビーユーザーの回復」に設定することができます。

　このように**売り上げ不振の因子を割り出し、分析過程を可視化していくこと**で、**見る側を明快に納得させることができる**わけです。

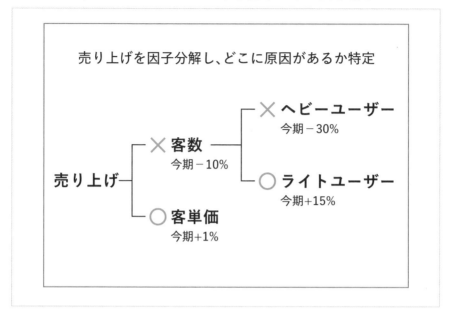

Check it!

- ☑ 悩みの原因を因子分解すると、どの因子が主犯か見えてくる。
- ☑ それを可視化すると説得力が増す。

4－17 〈頁づくり〉頭が良く見える図解作成②

俯瞰図

POINT　鳥の目で冷静に判断できる

次に、「俯瞰図」です。

大所高所に立って、位置や構造、関係性を見る図表は説得力が高まります。こうした俯瞰図は特に課題や戦略を見出す時の常套手段です。代表的なのは「ポジショニング図」です。その目的は、ブランドや商品サービスの競合と比べた位置関係を座標図で表し、現状把握や目標設定に活用するものです。

ポジショニングは、自社の他社に対する差別性や独自性を表す手段なので、バキュームゾーンや差別化ゾーンを意図的に設定し、そこに自社をプロットして説得の一助とします。

通常、数学の座標の概念を用い、横軸と縦軸の概念規定をした上で、各ブランドの位置をプロットします。調査統計に基づいた多変量解析を使ってポジショニングマップをつくり、それらしく見せることができます（322頁の図参照）。

この俯瞰図アプローチは、実はリサーチや統計など大げさな分析がなくても、定性的な情報だけで恣意的に図にして見せていく方法も全然ありです。経験から言うと、それなりの根拠があれば、実はエイ・ヤーでつくってしまっても構いません。例えば、自動車の新しいブランドを導入する時、どのポジションに導入すべきかを表わしたのが次頁の上のグラフです。また下の図は、第8章4[「街の本屋さんの再生」の企画書]の課題の考え方の頁です（261頁参照）。これは、市場の動きを2つに分けて俯瞰して見せ、どちらにチャンスがあるかを示唆しています。それらしく説得力を持って話を展開するのです。

Check it!

☑ 俯瞰図は大所高所に立って、位置や構造、関係性を見せる手法。

☑ ポジショニング図がその一例。

☑ 問題ゾーン、チャンスゾーンが見えやすくなり、説得力を高める。

〈 自動車ブランドのポジショニング例 〉

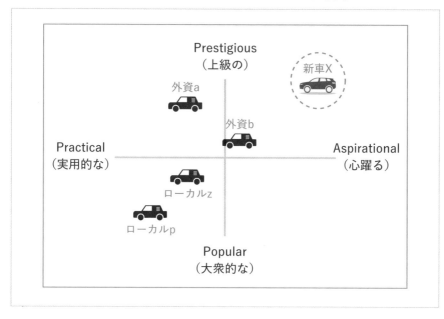

〈 「街の本屋さんの再生」の企画書の課題設定 〉

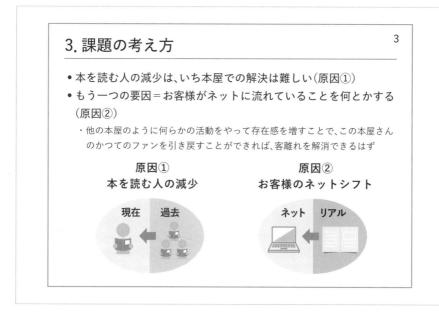

4 - 18 〈頁づくり〉頭が良く見える図解作成③

ベクトル化

POINT　市場の動きや戦略を動的に見せる

前項目の俯瞰図の応用パターンとして、「**ベクトル化**」して図示するという手法があります。

ベクトルという言葉は、本来、数学や物理で使う「大きさと向きを持つ量」の概念ですが、ビジネスでは、ものごとの向かう方向や勢いに置き換えて使っています。

これは**戦略の方向性や目標を表すのに便利で、図表で矢印を使って表し、説得力、納得性を高める**手段となります。

例えば、自社のフライドチキンの競争優位を確保するため、どのような戦略を取ったら良いかというテーマに対し、完全国産化し、プレミアム価格ゾーンにリ・ポジショニングする提案をするとします。

その時、次頁の図のように矢印を使って、競争から抜け出そうという図をつくると、説得のサポートになります。

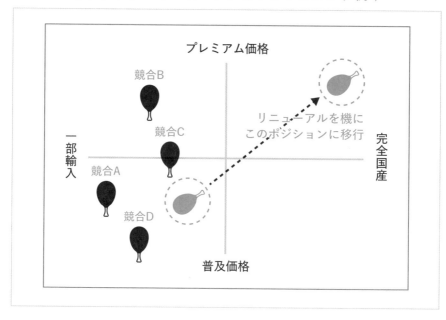

〈 ブランド・リニューアルのポジショニング例 〉

プレミアム価格

競合B

競合C

一部輸入

競合A

競合D

完全国産

リニューアルを機に
このポジションに移行

普及価格

Check it!

☑ ベクトルは、「ここを攻めよう」「ここに動かそう」という動きの意思表示に便利。

☑ 俯瞰図内に矢印を使って表示する。

4 - 19 〈頁づくり〉頭が良く見える図解作成④

新結合

POINT　新たな組合せで価値をつくることを可視化

「新結合」とは、これまでになかった組合せをつくって新たな価値をつくるという概念を図示化するものです。特に、新商品開発、事業開発に有効です。

　例えば、あるキッチンの新商品開発の仕事で、抗菌キッチンを提案したいとします。プレゼンでは、

「市場探索の結果、キッチン回りには抗菌グッズは溢れていますが、キッチンそのものを抗菌にしてしまうという発想はありませんでした」
「ところが、○○社のシーズQの活用によって、このように抗菌キッチンをつくることができます」
「新商品のコンセプトは抗菌キッチンです」

という提案をしようというとき、次頁の上図のように図示化します。

　また、もう少し大きな視点での新結合の活用例として、「**商品＋サービス**」の**新結合**を挙げておきます。

　例えば、「これからの時代は、モノからコトへと言われています。では、コトとは何かというと……」から始め、「それは商品単独ではなく、それがもたらす空間の価値で考えることです」「端的に言えば、この図のように商品発想だけでなく、サービスの概念も加えトータルでの空間価値の創造をすべきです」などと展開します（次頁の下図参照）。

Check it!

☑ これまでになかった組合せで新たな価値をつくる、という概念をわかりやすく図示化すると有効。

〈 新たな組合せによる価値を図示化 〉

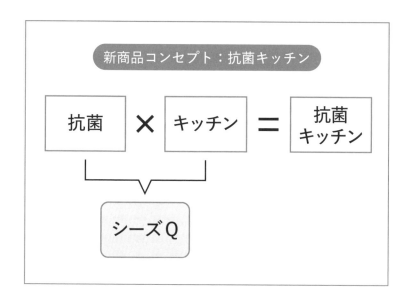

新商品コンセプト：抗菌キッチン

抗菌 ✕ キッチン ＝ 抗菌キッチン

シーズQ

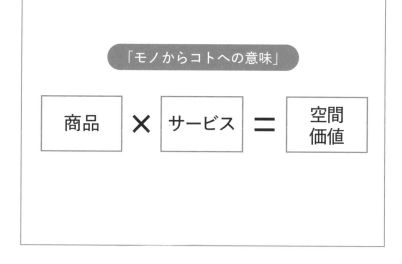

「モノからコトへの意味」

商品 ✕ サービス ＝ 空間価値

4-20

〈最終調整〉「サマリー」のつくり方2種

「サマリー」をつくると親切

POINT　企画書を初めて見た人は文脈をすぐ理解できない

ここでは、企画書の「サマリー」のつくり方の例を紹介します。

企画書の頁数が多かったり、内容が多岐にわたる複雑なものだったりすると、最後になって、一体何を言いたかったのかが聞き手にしっかり残らない場合がよくあります。

自分たちは企画書作成の当事者なので、この企画書で言いたいことやロジックはしっかり頭に残っているのですが、初めて見たり聞いたりする側はその文脈をすぐ理解できるわけではありません。そんな時は、面倒がらずにサマリーをつくっておきましょう。相手側はそれを見て理解しやすくなるのはもちろん、**企画側の丁寧さや親切心も受け取ることができます。**

サマリーのつくり方については、次の2例を覚えておくと何かと便利です。

(1) サマリーチャート

各章をブロックに分け、それぞれで言いたいことを簡潔に表記し、その関係をフローチャートにして見せていく手法です。

企画書の最後に付記しておくと、リマインド効果があります。

つくり方のコツは、ブロックごとに各章のタイトルを記し、その内容を必要最低限なことに絞って記述することです。そして、各ブロックがどこにどう位置付けられているかが俯瞰できるように配置しましょう。

次頁の上図は、第8章27［「K市の地方創生」の企画書］の最終頁です（291頁参照）。

こうしたサマリーをつくっておけば、企画書が独り歩きする場合にも、目次と共にこの頁が読み手のガイダンスとして機能します。

(2) エグゼクティブ・サマリー

第1章5［〈社内企画書の観点〉］（42頁参照）でも紹介したように、エグゼ

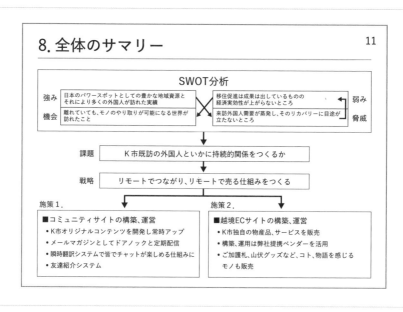

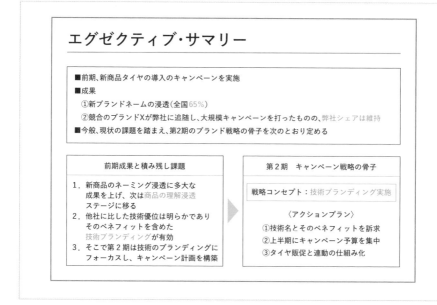

第4章 企画書の書き方の実践的テクニック

クティブ・サマリーという見せ方もあります。

この場合は、文字通り経営者にとってわかりやすい見せ方を追求します。

要は企画書の内容をできるだけ簡潔に示し、１〜２頁、３分程度で理解できるペーパーとして作成します。

例えば、前頁の下図は、あるタイヤメーカーの例です。

冒頭に今回の決裁の位置付け、左下に前回までのレビュー、右下に今回戦略とアクションプランの提示という各ブロックの要旨を簡潔に記述していきます。

エグゼクティブ・サマリーは、企画書の冒頭か最後に配置します。どちらが良いか、説明するのかしないのかは臨機応変に対応しましょう。

Check it!

- ☑ プレゼン時間や企画書が長い場合、サマリーを作成する。
- ☑ サマリーチャートとして見せるのが一案。
- ☑ もう一つはエグゼクティブ・サマリーで、これは経営陣用を意識し、1〜2頁、3分程度で理解できるようにつくる。

4-21

〈最終調整〉アペンディックスのつくり方①
参考資料をやたらにつけないこと

POINT　本体企画書から読み手の興味の広がりを想像する

「アペンディックス」とは、企画書本体に入らない**参考資料**のことです。

さて、これは実際にあったケースですが、ある新興国で250頁の企画書を持っていって、うち30頁が本編、220頁がアペンディックスでした。プレゼンでは本体と一部の資料だけ説明して、後は置いていきました。

しかし、残された二百数十頁のアペンディックスをその後、クライアントは読む気になるでしょうか？

ならないですよね。これは量的な観点からの指摘です。

一方もっと大事なのは、質的な観点です。例えば、大プレゼンに備え、色々なところに振ってこれだけアイデアを広げました、これだけ努力しました、総力を挙げてつくりました、というのが見え見えのアペンディックス。これは最悪です。何故なら、自分たちの自慢、言わば自己都合だけで付けているからです。

大切なのは、**本編の説明を経て興味が広がり、さらに突っ込んで知りたい、しっかり根拠を確かめたい、あるいはこの先を見てみたいという依頼者の欲求を想像して構成する**ことです。

逆に言うと、「プレゼン後、これは見ないだろう」というものは削除することです。そうすると結果的に、無駄なアペンディックスが排除できます。

Check it!

☑ 自己都合で付ける「アペンディックス」は最悪。例えば、色々なところに振って出来上がってきたものを付けただけのもの。

☑ 大切なのは、依頼主の欲求を想像し、「これは見ないだろう」という情報は削除すること。

第4章　企画書の書き方の実践的テクニック

183

4 - 22

〈最終調整〉アペンディックスのつくり方②
自分たちを信用させる頁を挿入

POINT　スタッフ紹介や実績紹介をして最低限の信用をつくる

　社外プレゼンの際、企画を通す上で重要な役割を果たすのは自分たちの信用を売る頁です。つまり英語で言うと、「about us」の頁です。

　信用をつくる要素は2つあります。**一つは、自分たちの会社の実績紹介、もう一つはスタッフの出自や実績紹介**です。特に、初めての提案の場合はマル必の要素です。通常は、企画書の最後尾かアペンディックス内に挿入します。会社の実績はHPから、スタッフはプロフィールと個人写真を入手し、**プロトタイプをつくっておくと便利**です。

〈 担当するスタッフ表例 〉

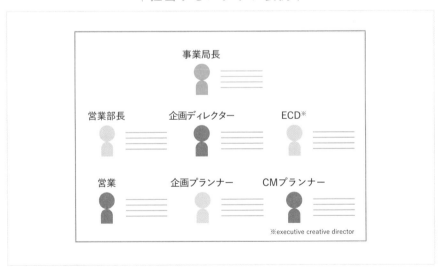

Check it!
- ☑ 信用をつくる要素は、会社の実績、スタッフの出自、実績。
- ☑ プロトタイプをつくっておこう。

4-23

〈最終調整〉「想定問答集」をつくる
企画提案の通る確率が高くなる

POINT　　　**質問は相手の立場になって考える**

　企画書ができたら、企画の説明をした後の「**想定問答集**」を是非用意しておきましょう。これを仕込んでおくことで、企画提案の通る確率が段違いに高くなります。何故なら、先方も悩んでいるわけなので、企画書やプレゼン内容だけでなく、それに付随して浮かんだ様々な疑問に対する明快な回答を得られるのはありがたいことだからです。

　それだけでなく、**想定問答にスムーズに答えていくことによって、「よく考えられてきた企画」** との評価を高めることもできます。

　では、どんな想定問答を考えたら良いのかというと、**依頼者の立場になって考えてみるということに尽きます**。企画書作成の当事者であれば、予想される質問もその答えも比較的ラクに書けるはずです。

　参考に、企画書のそれぞれのパートに関して、どんなスタンスで想定問答を考えるかを次に整理します。

①現状分析
　……依頼者の視野範囲を押さえており、くまなく探ったかという観点が重要です。

②課題や戦略
　……**依頼者の最も関心がある分野であり、どうしてその意思決定に至ったかを依頼者からの質問というかたちで書いてみましょう**。自分たちも悩んだ部分であり、比較的共感度の高い回答が書けるはずです。

③施策
　……**費用、スケジュール、誰がどうやるのか（外部リソース）などフィジビ**

リティの検証が最も重要です。プレゼン内でも説明するとは思います
が、より詳細な回答を用意しておくに越したことはありません。

④効果

……実際に企画を実施した場合、その効果はどうなのかという部分です。実
はここが依頼者は最も知りたいところでもあります。これについては、
第4章7［〈企画書の勘所〉KPIは入れるべきか否か］（153頁参照）でも
述べましたが、状況に応じてクリアに述べられる場合とそこまで求めら
れていない場合で、答え方のニュアンスが異なります。すなわち、KPI
設定がなかなか難しい場合は、ゲス（推測）の範囲でも少なくとも答え
を用意しておくと良いでしょう。

以上を踏まえて、思いつく限りの想定問答をシミュレーションしておきまし
ょう。

Check it!

☑ 想定問答集は相手の立場に立って考えることであり、企画書制作に関
与していれば意外に簡単につくれる。

☑ 質問にスムーズに答えられれば、「きちんと考えられている」という評
価を得られる。

4 – 24

〈企画書の種類〉A4タテの企画書
短時間で作成してプレゼン可能

POINT　　熱が伝わりにくいのを前提につくる

　これまでA4ヨコの企画書を前提に実践的テクニックを説明してきましたが、他にA4タテの企画書、A3ヨコの企画書もあります。

　そこで、それぞれの勘所を簡潔に述べておきます。まずは、A4タテの企画書についてです。

　A4タテの企画書はどのような場合に使うかですが、例えば、社内で報告の延長のような場合です。依頼者もいつものような平常心でその善し悪しを判断できます。

　基本フォーマットは、第4章8［〈企画書の表紙づくり〉基本レイアウト］（155頁参照）にあるように、提案先、日付、提案元を記述した後にタイトルを掲げ、その後に小見出しで与件、現状分析、課題、戦略、施策を記述します（次頁の図参照）。

　フォントサイズは、タイトルが14ポイント、小見出しが12ポイント、本文が10〜11ポイントくらいが適切でしょう。

　A4タテの場合、**短時間で作成できサクッとプレゼンできるというメリット**がありますが、その代わり**報告書スタイルなので、どうしても企画が平板に見え、熱が感じられないというデメリット**があります。

Check it!

☑ A4タテは、社内でサクッとプレゼンする場合に使用する。

☑ 短時間作成、短時間プレゼンに適すというメリットはあるが、その代わり平板に見える、熱が感じられないというデメリットがある。

○○○○ 御中

20××年0月00日
株式会社 ○○○○

X社新商品のご提案

■与件
- X社メイン商品に次ぐ大型新商品の導入戦略

■現状分析
- X社商品は普及価格帯で高いシェア
- ただし、同ゾーンは今後伸び悩み、価格競争も激しい（資料参照）
- 一方、高価格帯ゾーンは伸びが見込まれ競合も少ない

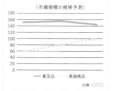

■課題
- 今後伸長が見込まれる高価格帯への進出

■戦略
- シーズAを活用したプレミアムブランド「○○○」の開発

ブランドコンセプト

■施策
- 商品数は、5タイプの一挙投入
- 価格帯は□□□□円〜◇◇◇◇円
- 流通に新カテゴリーを提案

4-25

〈企画書の種類〉A3ヨコの企画書
企画書の全体像を示すのに最適

> **POINT** パーツが細かいのである種の職人ワザが求められる

　A3ヨコの企画書は、自動車会社など抱えるバリューチェーンが多く、考えるべき要素が多い業種で多用される企画書です。大体は1枚もので構成します。

　A3ヨコの企画書はサイズが大きい分、**全部を俯瞰して見れる**メリットがあります。また、課題や戦略のロジックの部分もしっかり説明でき、図やチャートなどを入れ込みやすいという特徴があります。

　とは言え、大きなサイズのキャンバスに個々のパーツをどうレイアウトするかという配置デザインに、見た目が左右されることもあって、**ある種の職人技が求められます**。

　また、本文は極めて小さい表示になるので、**項目や小見出しの明示、伝えたい部分をコンセプトワード化し、文字のサイズのアップ、ボールド（太字）、枠囲いなどを施し、メリハリを意識します**。

　グラフや図表は、伝えたい部分にフォーカスして大きな数字で見せたり、枠囲いして全体を目立たせたりするなどの工夫をします。

Check it!

☑ A3ヨコは、企画書全体を俯瞰して見れるというメリットがある。

☑ とは言え、個々のパートは極めて小スペースなので、見出しの明示、コンセプトワードの強調などを施し、図表やグラフもできるだけ見やすくすること。

第4章 企画書の書き方の実践的テクニック

役員会用

202×年×月×日
経営企画室

第00期　コーポレートブランディング計画について

1. 第00期レビュー

- 他社に先駆けて積極的なキャンペーン活動を展開した結果、以下の結果を得た

認知：85%　　理解：30%　　好意度：40%

- 一方、ターゲットが全方位であったため、メインターゲットである若者の共感スコアが他層に比べ、相対的に低かった

2. 訴求ターゲットと課題

- 弊社メイン商品Xのターゲットは、18～34歳の若者層であり、そこへの訴求を明確にする
- 彼らのインサイトを捉えた共感性の高いメッセージをいかに構築するかが課題

認知：90%　　理解：35%　　好意度：45%

3. 目標（KPI）

- 競合社の状況を鑑み、一段レベルアップした浸透を目指す

4. 戦略と施策方向性

【戦略】

全方位から若者主導へ

- まず若者層への認知とイメージアップを図り、他層へ拡げていく
- 彼らの共感を掴むため、影響力のあるインフルエンサーを活用する

前期　　　　今期

オールターゲット　　　若者層

【施策方向性】

- 若者に絶大人気を誇るyoutuber AとBを起用し、彼らのプラットフォームを活用した重層的なキャンペーンを展開
- ネット上でのバズを起こすことにより、社会のムーブメント化したPR戦略を仕掛ける
- 大手TV局とタイアップし、同局の看板番組「〇〇」との相互乗り入れを図る

4-26

〈作業が進むヒント〉
企画書作業は脱オフィスで

　私は会社人生の後半からは、実はオフィスで企画書作成をしたことが滅多にありません。特に、最初のとっかかりの部分は脱オフィスで作業します。

　ではどこで作業するのかというと、具体的には、喫茶店、ホテルのラウンジ、モールの休憩所、図書館、車内、機内、空港ラウンジなどです。海外駐在が長く、移動が多かったという事情もあります。

　何故、脱オフィスかというと、要するに、**他の案件が舞い込んでこないから**です。作業に集中している時に、事務処理などその他の今やらなければならない業務が発生するのではモチベーションが維持できないからです。

　つまり、**企画作業というのは、脳が集中して考える作業なので、他のことに惑わされない環境が望ましい**のです。

■半パブリックな空間がお勧め

　脱オフィスといっても、**自宅などある種の個室密閉空間で集中してやろうというのも実はあまりお勧めではありません。**

　何故かというと、これもモチベーションを保てないからです。人間というのはアマノジャクで、「自分は頭を使うかっこいい仕事をしている」「それを誰かが見てくれている」というある種の幻想を抱きながら作業を進めるのが、一番モチベーションを保てるものなのです。

　先ほどの喫茶店から空港ラウンジまでの共通の特徴は、半パブリックな空間ということです。

　社会とのつながりを時折り意識しながら、作業が集中してできる。企画書作成はそういう空間でやってみてください。意外にストレスなく作業が進むはずです。

第4章　企画書の書き方の実践的テクニック

○ 半パブリックな空間がお勧め

× 完全個室空間は意外にダメ

Check it!

☑ 脱オフィスは余計な仕事が舞い込まないので企画作業に向く。

☑ 自宅以外の半パブリックな空間がお勧め。誰かが見ていてくれるという幻想でモチベーションが保てる。

4-27

〈作業が進むヒント〉
「プレゼン原稿」を先に書く

　リボンフレームを用いた企画書化の展開順を簡単に言うと、

① まずリボンフレームを埋める（第3章）

② 次にパートごとに企画書に落とし込む（第5章）

③ 最後にプレゼン原稿を書いて練習する（第7章）

　となります。

　つまり、①があることで、②の企画書化の作業が格段にやりやすくなっているのが特徴です。このあたりは第5章で解説します。

　ただし、それでもいざ**書き始める**となると、**途端に筆が重くなる**ということが私にもしばしばあります。

　そんな時、自分がやる手は、とりあえず見出しのみのスライドをつくり、リボンフレームを見ながら、③の**「プレゼン原稿」を書く**を先行してやってしまうことです。

　つまり、これまでの作業で大体言いたいことはわかっている。ならば、**プレゼンする状況に自分を追い込んで、口語でつぶやきながらプレゼン原稿をまず書いてしまおう**。そのほうがどう書くか、逆に迷わず済むというつくり方です。パワポの原稿欄を引き出して実際やってみると、口語なのでペラペラと書けてしまいます。その勢いでひと通り原稿を書いてしまいましょう。すると企画書も前に進むことでしょう。

第4章　企画書の書き方の実践的テクニック

〈 プレゼン場面を想定して、プレゼン原稿を先に書いてしまう 〉

Check it!

- ☑ 企画書を書き始めるとなると、途端に筆が重くなることがある。
- ☑ そんな時は、見出しとリボンフレームの骨子だけ見ながら、「プレゼン原稿」を先に書いてしまう。
- ☑ プレゼンする状況に自分を追い込むと意外にスラスラ書ける。

4 - 28

〈作業が進むヒント〉
「プレゼン原稿」を企画書にコピペ

POINT　後は間引き、アレンジするだけ

「プレゼン原稿」を書いた後ですが、その原稿を企画書本体にコピペします。

　プレゼン原稿は口語文体ですから、余計な修飾語を省き、体言止めなど企画書文体にして文字数を減らしていきます。

　最後に、キーワードの強調する部分をどこにするかなど、順番やレイアウトを決めるアレンジ作業をして、とりあえず完成です。

　その間、あったほうが良いデータやグラフなど、何が必要で、その場合、どうレイアウトし直すかも考えましょう。

　また、この作業中に、リボンフレーム自体も見返してみてください。「企画書には是非この言葉を入れておきたい。なので、プレゼン原稿もちょっと直そう」という気づきも生まれることがあるからです。

　実は、この作業はいたってラクなはずです。何故なら、**それぞれの頁で言いたいことはプレゼン原稿としてすでにフルに書かれているわけで、後はそれを間引いたり、企画書文体にアレンジしたりするだけで良いからです。**

　結果この作業を通じて、自分が言いたいことが全て網羅された企画書がたちどころにできてしまうわけです。

〈 プレゼン原稿を企画書本体にコピペし、文体をアレンジ 〉

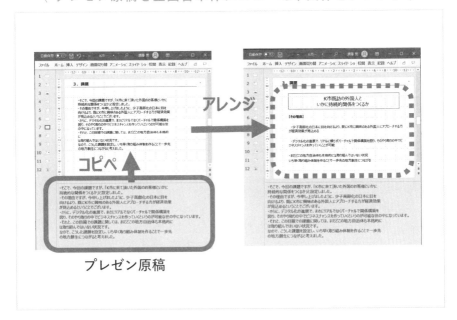

プレゼン原稿

Check it!

☑ 「プレゼン原稿」を企画書本体にコピペし、企画書文体に直す。

☑ すると企画書で言いたいことは大体網羅されているので、後は間引き、
アレンジするだけ。

第5章

RIBBON FRAME

企画書の書き方の演習
「街の本屋さんの再生」を企画書にする

Business Proposal & Presentation

5-1 〈企画書づくり〉プロット化
完成したリボンフレームをコピペ

POINT　小見出しだけのプロットをつくり、リボンフレームの文をコピペ

　ここでは、第3章11［〈リボンフレーム・STEP4〉施策］（135頁の図参照）で、リボンフレームに落とし込んだものをいかに企画書化するかについて解説します。

　初動は単純です。まず、現状分析、課題、戦略と理由、施策の順に**小見出しを冠した、中身が白紙のプロット**をつくります。

　そして、リボンフレームの各欄で記述したことを、**小見出しに沿って、企画書に1頁1頁コピペして落とし込みます。**

〈 企画書づくりの初動でやること 〉

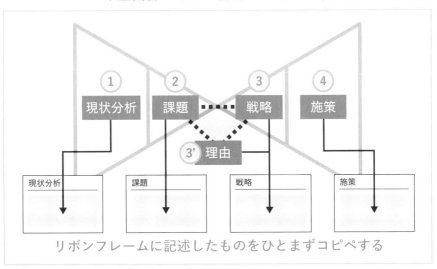

Check it!

☑　小見出しを冠したプロットをつくり、リボンフレームに文章を落とし込む。

5-2

〈企画書づくり〉表紙づくり

冒頭に1枚加える

| POINT | 奇を衒わず基本レイアウトを順守しよう |

次に、企画書の表紙づくりです。冒頭に表紙の頁を加え、第4章8〔〈企画書の表紙づくり〉基本レイアウト〕（155頁参照）で説明したように、奇を衒わず基本レイアウトを順守し、タイトル、依頼主名、日付、提案元を書き込みます。

〈 表紙の作成 〉

○○書店 御中

○○書店
再生施策のご提案

202×年×月×日
株式会社 △△企画

Check it!

☑ 冒頭に表紙を１頁加え、必要事項を記入する。

5-3 〈企画書づくり〉オリエンの確認

コピぺしてそのまま書く

POINT　オリエン文章が適度に簡潔ならそのままコピぺして良い

　現状分析の前に、クライアントの依頼内容を再確認する「オリエンテーションの確認」（与件）頁を1頁加えましょう。頁の見出しはそのまま、「1. オリエンテーションの確認」とします。このケースの場合、書く内容はオリエンの文章をそのままコピー＆ペーストして構わないです。**オリエンペーパー自体が適度に簡潔明瞭で、わかりやすい出発点になっているからです。**

〈 簡潔明瞭な内容で 〉

---

1. オリエンテーションの確認　　　1

このところ、売り上げが減少し続けている
我が街の我が書店を再生したい
どんな案で立て直したらいいか

Check it!

☑ オリエンの確認頁は、簡潔ならそのままコピぺして良い。

5-4 〈企画書づくり〉現状分析
最初に問題点、次に機会の順

> **POINT** 話の流れにリズムをつける

　次に「**現状分析**」です。リボンフレームでは４つ挙げていましたね。従って、これを書き出します。具体的には、**問題点と機会**とに分けて記述します。リボンフレームでは既にその順番になっています。

　第1章4［〈一つ上の企画書の極意〉心を動かすストーリーがある］（40頁参照）で述べましたが、この順番の記述でそれをどう醸(かも)し出すのかというと、例えばプレゼンターが話すとき、「最初にこれこれこういう大きな問題点があります。しかし一方、これこれこういうチャンスもあります。これを踏まえて課題の絞り込みをします」と、**最初に「問題点」を持ってきて話せば、話しの流れにリズムが出てくる**わけです。

　ただし、この文章一つひとつを読んでいっても今一つ説得力がありません。**そこでサポートの文章を加え、補強**していきます。
　ではどんなサポートの文章を書けば良いのかというと、**そのコツは「プレゼンする場面を想像しながら書く」**ことです
　冒頭にプレゼンターが、「最初に色々と調べてみて、大きい問題点を２つ発見しました」から始めたとして、次のように続けます。

「書店の売り上げが減少している大きな問題点の一つは、本を読まない人が増えたことです。昨年秋の生協の調査によると、大学生の半数は本を読まないというデータがあります」
「そしてもう一つの問題点は、ネットで本を買う人が増えていることです。Amazonなどで本を買う習慣が広がり、これが街の本屋さんに大きな影響を与えています」

---

2. 現状分析　　　　　　　　　　　　2

【問題点】
- 本を読まない人が増えた
- ネットで買う人が増えている

【機会】
- 店頭の賑やかしで生き残りを図っている書店がある
- 本屋がなくなることを憂えている人も多い

---

2. 現状分析　　　　　　　　　　　　2

> プレゼン場面を想像しながら文章を補足

【問題点】
- 本を読まない人が増えた
  →大学生の半数が本を読まない（20××年秋　生協調査より）
- ネットで買う人が増えている
  →Amazonなどネット書店で買う習慣が広がり、これが街の本屋さんに大きな影響を与えている

【機会】
- 店頭の賑やかしで生き残りを図っている書店がある
  →ビレッジバンガードは手書きPOPで店内を埋め、B&Bは毎夜イベントを開催
- 本屋がなくなることを憂えている人も多い
  →お客様に共感を呼び起こせば、再度引き寄せる可能性もある

こんなプレゼンでの説明の仕方を思い描きながら、「よし、本を読まないデータを使って補強しよう」と考え、文章やデータを補足していくのです。

　機会のほうも同じです。

　プレゼンターの言い方を再現すると、次のようになりました。

「一方、機会も整理してみました。一つは、店頭の賑やかしで生き残りを図っている書店があることです。例えば、ビレッジバンガードという書店では、手書きPOPで店内を埋め尽くしお客様の興味を持続させています。また、下北沢のB&Bは毎夜作家イベントを開催してファンを呼び込んでいます」
「機会点のもう一つは、本屋さんがなくなることを憂えている人も多いことです。すなわち、そうしたお客様の興味を呼び起こせば、再度この本屋に引き寄せる可能性があるということです」

　このように添え木のようにサポートとなるものを見つけ出し、企画書に付け足しましょう。そうすることで徐々に内容が磨かれていきます。

　さあ、これで「現状分析」の部分ができました。

Check it!

- ☑ 問題点、機会の順に記入する。
- ☑ サポートする文章を添え、補強する。

5-5 〈企画書づくり〉課題①
唐突なら「課題の考え方」を追加

POINT　何故この課題なのかを説明し、説得力をつけるため

　次に、「**課題**」の頁です。

　課題自体は、リボンフレームにすでに明快に書かれています。「**ネットに流れているかつてのお客様の呼び戻しを図ること**」でしたね。この時、現状分析からいきなり課題に移ってしまうと、唐突感が出てしまうことは否めません。

　そこで、課題頁に行く前に、「**課題の考え方**」としてどうしてこの課題になったのか、という**背景を説明する頁を1枚**加えました。

「課題の考え方」の頁を足す場合の記述方法のコツは2つあります。

　コツの1つ目は、**現状分析から、こう絞り込んだという考え方を明記する**ことです。

　コツの2つ目は、**次の頁の文章である**「**課題はかつてのお客様の呼び戻しを図ること**」**にスムーズにつながるように、書き方を工夫**すれば良いのです。

　この頁の作成にあたって考えたことは、次のようなことです。

「本屋の不振要因の一つである本を読む人の減少は、いち本屋での解決は難しいよな」

「だったら、もう一つの要因である『お客様がネットに流れている』を何とかするに課題を絞り込もう」

「何故なら、他の本屋のように何らかの活動をやって存在感を増すことで、この本屋さんのかつてのファンを引き戻すことができれば、客離れを解消できるはずだから」

　これをそのまま文章にします。

Check it!
☑ 何故この課題なのか説得力をつけるため「課題の考え方」を1枚加えた。
☑ 書き方のコツは2つ。「問題点と機会からこう絞り込んだという文脈にする」と、「次頁の課題にスムーズにつながるようにする」。

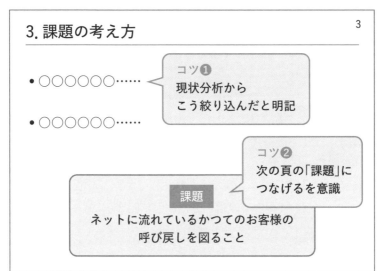

3. 課題の考え方　　3

- ○○○○○○……

> コツ❶
> 現状分析から
> こう絞り込んだと明記

- ○○○○○○……

> コツ❷
> 次の頁の「課題」に
> つなげるを意識

課題

ネットに流れているかつてのお客様の
呼び戻しを図ること

3. 課題の考え方　　3

- 本を読む人の減少は、いち本屋での解決では難しい
- もう一つの要因＝お客様がネットに流れていることを
  何とかする
  ・他の本屋のように何らかの活動をやって存在感を増すことで、
  　この本屋さんのかつてのファンを引き戻すことができれば、客
  　離れを解消できるはず

5-6 〈企画書づくり〉課題②
図示して補強する

POINT　市場の俯瞰図をつくるとわかりやすい

さらに、わかりやすくするために、簡単な図を作成し加えました。

具体的には2つの不振原因に分けて、**市場の俯瞰図をつくりました。原因①の解決は難しいが、原因②なら何とかなりそうという図**です。課題というのは「良い問いの設定」でした。なので、何故これが良い問いなのかという理由をしっかり明記することで、課題の説得力を増すのです。この企画書では頁を分けて書き込みましたが、**1頁内で課題とその考え方を同時に述べても構いません。**

〈 課題の考え方（完成）〉

3. 課題の考え方　　　　3

- 本を読む人の減少は、いち本屋での解決は難しい（原因①）
- もう一つの要因＝お客様がネットに流れていることを何とかする（原因②）
  - 他の本屋のように何らかの活動をやって存在感を増すことで、この本屋さんのかつてのファンを引き戻すことができれば、客離れを解消できるはず

原因①	原因②
本を買って読む人の減少	お客様のネットシフト
現在　過去	ネット　リアル

Check it!

☑ 図示してわかりやすくするのも手。

5-7 〈企画書づくり〉課題③
ズバリと書こう

| POINT | 文章が短い場合、図化して補強するのも手 |

「課題」の頁を書く際のポイントは「**ズバリと書くこと**」です。課題の絞り込み理由は前頁で十分説明しているので、この頁では「なので、課題は、ネットに流れているかつてのお客様の呼び戻しを図ることにしました」と言い切り、図を加えて何が課題なのかを補強します。ここではAmazonに気を取られているお客様を自分の店に振り向かせる図をつくりました。

〈 課題 〉

Check it!

- ☑ 課題はズバリと書くのがポイント。
- ☑ こんなふうに、図示してわかりやすくするのも手。

5−8 〈企画書づくり〉戦略①
「戦略の考え方」を1枚加えよう

POINT 「この課題を解決するためには」という"つなぎの言葉"を入れる

　次に「戦略」の頁のつくり方です。リボンフレームで、戦略は「お客様が喜ぶイベントをやって街の本屋さんの良さを実感させる」、その理由は「リアルの良さをアピールすることによってお客様を振り向かせることができる」でした。

■ プレゼンを想像して書く

　この頁でも、プレゼンターとして自分がどう説明するかを想像しましょう。

　前の頁で、課題をズバッと言い切ったところなので、冒頭では、「ではこの○○という課題を解決するためには」というつなぎの言葉があるとスムーズです。

　この場合、**課題の文章そのものを持ってきて**、「ではネットに流れているかつてのお客様に振り向いてもらうためにはどうしたら良いか？」としました。

　前頁と**文章がだぶってしまっても問題ありません**。むしろ、企画書の流れが明確になるので、読み手に流れをはっきり伝えることができます。

■ 戦略の「理由」にあたる部分を先に記述すると戦略につながる

　そして、下向きの矢印を入れ、下のスペースに「戦略の考え方」を書くことで、この頁で言いたいことが明確になります。

　これは、ロジック3点セットの「理由」にあたる部分です。

　その文章をコピペしてみましょう。「リアルの良さをアピールすることによって、お客様を振り向かせることができる」の文章です。

　これを入れることで意味が通じ、ストーリーとしては流れています。

　この頁はこれで完成でも良いのですが、もう少し臨場感を持った文章にするために、少し噛み砕いて記述しても良いでしょう。

5. 戦略の考え方　　　　　　　　　　　5

　　　ではネットに流れているかつてのお客様に
　　　　　振り向いてもらうためには
　　　　　　どうしたら良いか？

課題の文章を引用

リボンフレーム
からコピペ

**リアルの良さをアピールすることによって
お客様を振り向かせることができる**

5. 戦略の考え方　　　　　　　　　　　5

　　　ではネットに流れているかつてのお客様に
　　　　　振り向いてもらうためには
　　　　　　どうしたら良いか？

噛み砕いて
わかりやすく

**それは、ネット販売にはない強味を発揮すること
つまり、実際にお店に来て本を触ったり、店主と
会話できたりというリアルの強味を発揮すること**

例えば、「それは、ネットにない強みを発揮すること。つまり、お客様が実際にお店に来て本を触ったり、店主と会話できたりというリアルな体験の強みを発揮すること」としました。

　これは、ロジック3点セットの「理由」の文章が抽象的だったものを、少し**具体的に、かつわかりやすく噛み砕いて記述**したものです。

　こうすると、この頁で言いたいこと、すなわち主張がより明確になります。

`Check it!`

- ☑ ロジック3点セットの「理由」にあたる部分を、「戦略の考え方」として先に記述すると戦略につながる。
- ☑ 冒頭に「この課題を解決するためには」というつなぎの言葉があると良い。

5-9

〈企画書づくり〉戦略②
ズバリと書こう

「戦略」の頁の書き方も課題の頁の書き方と一緒で、**結論をズバリと言うのが効果的**です。このケースの場合、リボンフレームの戦略の文章をそのままコピペしました。

　そして**下のスペースに、その戦略を噛み砕いて説明する文章を加えると、戦略が重厚に見えてきます。**

　例えば、「ネットにないリアルの価値とは何か？」と、先ほどの戦略の考え方のエッセンスを疑問文のかたちで書き、その下に「それは○○です」として、それに対する回答として**戦略の文章をブレイクダウン**します。

　どうブレイクダウンしたかというと、**ポイントはリアルの価値を「体験」に置き、「体験イベントをやる」と記述する**ことです。

　具体的には、「それはお客様が本屋さんのリアルな雰囲気や紙の本にじかに触れて感じる心の豊かさ、充実感。つまり、体験イベントをやって、リアル本屋の良さを実感させる」と記述しました。

　こう記述することで、「施策」の頁へのつなぎがスムーズになります。

Check it!

☑ 戦略もズバリと書くのが効果的。

☑ その下に、ブレイクダウンを記述すれば良い。

6. 戦略

> リボンフレーム
> からコピペ

お客様が喜ぶイベントをやって
街の本屋の良さを実感させる

6. 戦略

**お客様が喜ぶイベントをやって
街の本屋の良さを実感させる**

> 戦略の
> ブレイクダウン
> を記述

ネットにはないリアルの価値とは何か？

それは、お客様がリアル本屋の本や雰囲気に
じかに触れて感じる心の豊かさ、充実感
つまり、体験イベントをやって、
リアル本屋の良さを実感させる

5 - 10 〈企画書づくり〉施策①

簡潔に書く

> **POINT** 戦略を具現化したものである、ことをわかりやすく見せる

最後に「**施策**」の頁です。

これは、今回提案するものの具体策であり、最後の落とし込みの部分です。重要ではありますが、だからといって詳しく書き過ぎると、そっちに目が行き過ぎて戦略の重要性が薄まってしまいます。

まずは**テーマやコンセプトを簡潔に書いて、戦略を具現化したものであることをわかりやすく見せる**のです。

詳細な説明は、別紙を付けるとか次の章にするとかしたほうが、企画書としての主張が明確になります。この場合は、提案の目玉が「作家講演サイン会」と「ビブリオバトル」でしたので、それを簡潔に記述します。

そして、最後に「LINEで友達登録をしてもらう」という施策があることで、顧客のつなぎ止めがうまくできるのではないかという期待をつくります。

また、見せ方の工夫のところで説明したように（166頁参照）、写真などを入れて説明の補強をするのも良いでしょう。ただし、繰り返しますが、**現実の施策とあまりにかけ離れた写真はオーバープロミス（過剰な約束）になり、逆効果になるので注意**してください。

第5章 企画書の書き方の演習〜「街の本屋さんの再生」を企画書にする〜

7. 施策

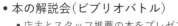
写真を挿入しイメージしやすく

7

- 作家講演サイン会
  - 店内ファン投票で人気作家招聘
  - 講演と著者サイン本即売会をセットで

本屋でのサイン会のイメージ

- 本の解説会（ビブリオバトル）
  - 店主とスタッフ推薦の本をプレゼンし、参加者にどっちが面白そうかを決めてもらう

ビブリオバトルのイメージ

- LINE友達化し、こまめに情報提供
  - イベント時にLINEの友達登録をしていただく
  - 情報提供を通じて、馴染み客の継続的な来店促進を図る

Check it!

☐ 施策は、戦略とのつながりが見えるように、まずコンセプトやテーマを簡潔に書く。

5 - 11

〈企画書づくり〉施策②
施策の効果を1枚加えよう

| POINT | 誰しも費用対効果に関心がある |

「施策効果」に関しては、リボンフレームにも企画書にも入っていませんでした。しかし依頼主のニーズを考えると、「施策効果」に関しても企画書内に入れ込んだほうが良い場合があります。

　何故ならデータの時代である今、**何事も講じる施策の費用対効果が求められる傾向が強まっている**からです。

　とはいえ、施策効果を見える化するのはなかなか難しい作業です。

　参考としては、手元にある程度のデータや過去のノーム値（基準値）がありそれを使って効果を数値化するやり方と、正確な数値化が難しいので考え方をざっくりとシミュレーションして効果を推定するやり方、があります。

■ ざっくりシミュレーションパターン

　ここでは後者の、考え方とざっくりとベンチマークになる指標を提示し、効果を推定するやり方、について述べます。

　まずは、イベント自体の売り上げ貢献ですが、本の1日の売り上げに比べると効果は限定的です。

　この街の本屋さんですと、1日の客数は200人くらい、1日の売り上げは26万くらいです。

　一方、イベントはたとえ月2回開催しても、1回の客数はせいぜい25人程度なので月の売り上げは15万円、つまり1日の売り上げにも満たないということになります（利益率は高いですが）。

　そこで、**イベント単独発想でなく、LINEの友達登録によるつなぎ止め効果に目を向けます。**

　例えば、かつてのお客様が3割減少しているとします。そして、LINEの呼び込み効果で、今のお客様が現状の1.2倍の頻度で来店し、さらに失った3割のお客様の半数が戻ってきたとすれば、$0.7 \times 1.2 + 0.3 \times 0.5 = 0.99$ となり、数字

---

8. 施策の効果

8

- イベント効果
  - 月2回開催、1回25人程度、客単価3000円として、売り上げは15万円
  - イベント単独では、効果は限定的

しかし…

- LINEによる来店促進効果
  - イベントをきっかけに、本の入荷情報、おすすめ本情報などこまめに情報提供を行う前提で
  - 現在、最盛時の7割の顧客数と仮定すると、
  - 現顧客の回転数を1.2倍、ご無沙汰客の半数が戻ってくるとして、ほぼリカバーできる計算となる

上ではほぼ以前の売上げに回復できるシナリオになります。これをざっくりと説明する頁をつくるのです。

Check it!

☑ 誰しも費用対効果に関心があるので、書ける場合は「施策の効果」頁も足すと効果的。

5 – 12

〈企画書づくり〉最終調整
企画書の最終チェックポイント

POINT　話の流れはスムーズか、ロジックは通っているか

企画書の各頁が出来上がったら、全体を流して見る確認作業をします。

最も重要なチェックポイントは、話の流れがスムーズに展開されているか、またロジックが通っているかです。

それに加え、次のようにさらに細かい部分のチェックもしましょう。

文章の意味がわかりやすいか、言葉の選び方は適切か、「てにをは」は大丈夫か、グラフや図表は文章を補強するサポートになっているかを見て、変えた方が良い箇所が見つかったら、マイナーチェンジをします。

最初に、企画書は5枚で十分と言いましたが（47頁参照）、「街の本屋さん」の事例の企画書の場合は、「課題の考え方」と「戦略の考え方」を補強して、また「施策の効果」も加えたので8枚になりました。

これら項目の分解及び付け足しは、依頼主のニーズや自分たちが何をどう提案したいのかというスタンスに応じて、臨機応変に対処していきます。

リボンフレームで企画を進めていけば基本的にロジックは通っているので、頁数に関してはここで紹介した方法も踏まえてケースバイケースで柔軟に対応してみてください。

また、企画書作成の段階で最初のリボンフレームの文章と異なってくる場合も多いでしょう。その場合は、リボンフレームの文章を手直しして、リボンフレームとして**筋が通っているか**の**整合性**をチェックしてください。

① 話の流れはスムーズか、ロジックは通っているか

② 文章の意味、言葉の選び方、「てにをは」は大丈夫か

③ 図や表の使い方は適切か

④ 頁の分解、集約は臨機応変に

⑤ 本体の改訂後、リボンフレームの直しも忘れずに

Check it!

☑ チェックする際の最も重要なポイントは、話の流れはスムーズか、また
ロジックは通っているか。

RIBBON FRAME

企画書を最大限にアピールする
プレゼンとは？

Business Proposal & Presentation

6-1 〈プレゼンの勘所〉
プレゼンとは自分を磨く場

POINT　いかに相手の心を動かすか

　私は、40年近くマーケティング・コミュニケーションの仕事をしています。その中、国内外で数々のプレゼンをこなしてきました。その都度、結果に一喜一憂し、そこに人生がありました。

　そんな経験を通して感じたのは、「**プレゼンは自分を磨く舞台**」だったということです。

　だからこそ、プレゼン前には入念に準備しますし、1回1回一生懸命、相手の心を動かそうと工夫しました。

　今回、そのノウハウを棚卸しして、ティップスとしてお伝えします。

　まず言いたいのは、あなたもプレゼンの機会を得たならば、いかに相手の心を動かすかという気概を持って立ち向かうべきということです。

　ここでは**相手の心を動かすティップスをいくつか紹介**していきます。

Check it!
- ☑ プレゼンは自分を磨く場であること。
- ☑ いかに相手の心を動かすかという気概を持って臨もう。

6-2 〈プレゼンの勘所〉

相手を勇気づける気持ちで

POINT	「熱意」と「プロフェッショナル性」と「謙虚さ」を持つ

依頼主は、何らかの問題を抱え、悩んでいるわけです。だからこそ何らかの企画をし、アクションを起こさねばならないと思っています。もしかしたら、それは大きな投資かもしれない。あるいは、会社が潰れないためにどうしてもやらなければならないことなのかもしれない。いずれにしても、直面する問題に切迫しているのは確かです。

そういった相手に対して**大事なのは、相手の身になって考えること、そしてプレゼンを通じて相手を勇気づけること**です。

ですから、プレゼンする側にポジティブかつそれなりの自信が垣間見えなければ、相手も心を動かされないでしょう。

「うまいこと言うね」「この手ならうまくいくかもしれない」「そうか、この手があったか」。プレゼン後に相手に心の中でこう思わせることができれば、そのプレゼンは成功と言えるでしょう。

心を動かす。そんなシチュエーションに際して、プレゼンターが心がけるべき「姿勢」とはどのようなものでしょうか。それは3つあります。

1つ目は、「熱意」です。

上に述べた通りで、あなたはその悩みの深さを理解し、同調し、その中で一生懸命考えてきましたという態度を持ってこそ、初めて相手の共感が得られます。

2つ目は、「プロフェッショナル性」です。

依頼主があなたやあなたの会社に頼んでくる理由の一つとして、自分たちにはないノウハウや経験で、悩みを解決してくれるかもしれないという期待があります。社内で誰かに何か頼まれるのも同じことでしょう。少しでもそれに応える部分や態度が示せると、あなたに対する相手の信用度が増します。

3つ目は、適度な「謙虚さ」です。

$$\left[\begin{array}{c} \text{プレゼンターが} \\ \text{心がけるべきこと・姿勢} \end{array}\right]$$

1 熱意

2 プロフェッショナル性

3 謙虚さ

　いくら自分たちがプロフェッショナルだとしても、常に上から目線で応対していては共感は得られません。お医者さんもそうですよね。患者の立場に立って親身に相談に乗り診療をすることで、患者は安心して診断を受け入れます。

Check it!

☑ プレゼンは相手を勇気づけるスタンスで取り組む。

☑ プレゼンターに必要なのは、「熱意」と「プロフェッショナル性」と「謙虚さ」の3つ。

6-3 〈プレゼンの勘所〉
答えを肝心な場面まで見せない

> **POINT**　プレゼン中は相手のワクワク感を維持せよ

第6章

企画書を最大限にアピールするプレゼンとは？

　企画書の要（かなめ）は「**戦略**」だと述べたように、相手の一番聞きたいところも戦略とそれに基づく「**施策**」でしょう。

　そうなると、**そこに辿り着くまでにいかに相手を飽きさせず盛り上げるか**が**プレゼンの一つのカギ**になります。

　具体的には、現状分析から課題の設定に向けて徐々に読み解いていき、戦略に辿り着くわけですが、その途中で戦略が容易にバレてしまうとなるとプレゼンの効果は半減します。

　ですので、プレゼン中は**戦略の部分で使うキーワードなど**を、その前の段階で**決して見せない**ように工夫します。

　よくある悪いケースですが、プレゼン直前の挨拶時に、上司自らいかに自分たちがよく考えてうまい提案に仕立て上げたかを話し、勢い余って聞き手に今回の根底になる考え方やキーワードを口を滑らせて言ってしまうことがあります。

　そうなってしまっては、プレゼン時に再びその箇所を熱くしゃべっても、相手にインパクトを与えることはできません。

　相手のワクワク感を維持するためのちょっとしたティップスは、肝心な場面まで答えを見せないことです。

Check it!

☑ 戦略を早めにバラしてしまうと、相手はいざ戦略のところに来ても響かない。

6-4 〈プレゼンの勘所〉

言葉のつなぎは非常に大事

POINT　　「接続詞」や「冒頭言葉・締め言葉」次第で説得力が増す

　次に、プレゼンターが心がけるべき意外に大事なことをお伝えします。それは、「言葉のつなぎ方」です。

　リボンフレームでつくった企画書の特徴は、企画書自体が大変ロジカルにきっちりつくられていることです。つまり極端な話、企画書を棒読みすれば、言いたいことは伝わるはずです。

　しかし、プレゼンターの姿勢のところで「プロフェッショナル性」が必要と述べたように、いかにプロフェッショナルな雰囲気をまとわせるかが勝負になります。

　その時、意外に大事なのが「つなぎ言葉」です。**企画書の文章を、いかに適切な言葉でつなぎ、補強するかが重要**なのです。

　有効な「言葉のつなぎ」を加えることで説得力が俄然異なってきます。

　例を挙げると、第5章［街の本屋さんの再生］の「課題の考え方」のプレゼン原稿を以下のように補強しました。（　）の部分が、新たに加えた補強の文章や接続詞です。

「今回の課題の考え方ですが、（**売り上げ不振の**）原因①、（**すなわち、**）本を買って読む人が減少は、いち本屋での解決は難しい（**でしょう。**）

（**ならば、**）もう一つの要因、（**つまり、**）ネットに流れているお客様を何とかすること（**に課題を設定します。**）

（**何故なら、**）他の本屋のように何らかの活動をやって存在感を増すことで、この本屋さんのかつてのファンを引き戻すことができれば、客離れを解消できる（**可能性があるからです。**）」

　この中で、太字の部分は、企画書には書いてありません。それをプレゼンタ

〈 言葉のつなぎ 〉

プレゼンターが心がけるべきこと②
言葉のつなぎ

1. 接続詞や文章ごとの冒頭・締め補足言葉

例） ● そこで、なぜなら、つまり、従って
● 今回の○○は、〜だからです

2. プレゼン冒頭と締めの言葉

例） ● 期待に応えるため知恵を総動員して考えてまいりました。
● 我々の提案によって御社の懸案の課題を解決できると
確信しております。

ーが適切に付け足すことで話がスムーズに流れるのです。

また、同様に重要なのがプレゼンの「**冒頭と締めの言葉**」です。

例えば、「今回、御社の期待に応えるため我々の知恵を総動員して考えてまいりました」とか、「我々の提案によって御社の懸案の課題が解決できると確信しております」とかいう言葉です。

プレゼンターの態度として、「熱意」や「謙虚さ」が大事だと言いましたが、**プレゼンの冒頭部と最後の締めの言葉を選ぶことで、このような態度が相手に伝わり、好感が持てるものとなるでしょう。**

Check it!

☑ 「そこで」「何故なら」などの接続詞や接頭語（つなぎ言葉）がプロフェッショナルな雰囲気をつくる。

☑ 冒頭と締めの言葉も考えておく。

6-5 〈プレゼンの勘所〉

プレゼンはセルフ・ブランディング

POINT 　結局プレゼンターの評価になって返ってくる

やればやるほどうまくなるのは、ものの上手のたとえではありますが、特にプレゼンはその効果が現れやすいものです。

何故なら、プレゼンは当事者を含め多くの人が見ています。ということは、他人の評価が付いて回るということです。

プレゼン後は、プレゼンを受けた側も同席した仲間も、ああだこうだと意見を言うはずです。それは企画書の評価であり、プレゼンの評価であり、**結局プレゼンターの評価になって返ってくる**のです。

この評価の声が必然、反省材料となったり、自分の癖や特徴を知る絶好の機会となったりします。

そして、次のプレゼンではそれを踏まえてどうやろうかというマインドが働き、結果的にどんどんプレゼン力がついていきます。

■プレゼンで見そめられることもある

プレゼンを重ねていくと、プレゼンする相手として同じ人が意外に数多く登場します。そして**大抵の場合、それは目上の人であることが多い**です。

すると、この方は日頃こういう考えを持っているのかとか、こういうことに反応しやすいとかいう相手の特徴を知れ、それに合わせた対応ができるようになります。

そうなると、プレゼンの勝率や採用確率は上がっていくはずです。何故なら、それは相手の癖を知り心を動かす戦術を持ったということだからです。逆の立場からすれば、信頼してこちらの話を聞けるようになります。

このように、**プレゼンを重ねることによって、自分を知ってもらったりアピールできる機会になったりします。**

〈 プレゼンターの評価につながる 〉

Check it!

- ☑ プレゼンは、他人の評価がついて回る。
- ☑ その効用は、どんどん説得する技術が磨かれること。
- ☑ プレゼンで認められると良いことが起ることも多い。

RIBBON
FRAME

企画書をプレゼンするための 実践的テクニック

Business Proposal & Presentation

7-1

〈プレゼン力を格段に上げるカギ〉
企画職の罠に陥らないこと

POINT　　原稿を書き、練習までする人は実は少ない

　ここではプレゼン力を格段に上げるカギをご紹介しましょう。

　答えは簡単。1にプレゼン原稿を書くこと、2に実際に練習することです。

　それを聞いて「何だ、そんなことか」とあなたは拍子抜けするかもしれませんね。しかし、私は広告代理店で長年周りを見てきましたが、実は、**プレゼン原稿を書いてその練習までする人は意外に少ないです**。

　日常事だからむしろ疎かになるという面もあるのですが、これは「企画職の罠」とも言われていて、私たち企画職の人間は企画書が出来上がった時点で安心してしまい、これで職務終了と思いがちなのです。

　つまり、**企画書を自分で書けたのだから、プレゼンくらいできるだろうと思い込んでしまう人が結構多いのです**。ところが、人間の脳は忘れやすくできていて、少し時間が経つと、「あれっ？　これ何でこう書いたんだっけ？」というケースは枚挙にいとまがありません。

　プレゼン原稿を書くこととプレゼンの練習をすること。この当たり前のようであまりされていない作業のもう一つの効用は、この習慣を続けていると、突如プレゼン役が回ってきた時に強みになることです。例えば、当初から企画書やプレゼンの当事者でなく、急遽その代役を務めることになった時などには、間違いなく他の人よりスラスラと話すことができるでしょう。

　何故なら、**口語による話の展開のコツが自然に身についていくからです**。つまり、**プレゼンの原稿書きと練習を通して、話し方の技術が格段に磨かれていく**のです。

　ですので私は、プレゼン原稿を書き、実際に練習をするという基礎中の基礎の作業を是非ともお勧めします。

〈 プレゼン原稿と練習 〉

Check it!

☑ プレゼン原稿を書き、実際に練習までする人は実は少ない。

☑ でも、この2つをやり続けると、プレゼンの技術が格段に磨かれる。

7-2

〈プレゼン力を格段に上げるカギ〉
「丁寧語の話し言葉」で書く

POINT　　プレゼンしていると思って書く

　私はPowerPointで企画書をつくっているので、PowerPointの頁の下線の部分にあるラインをクリックして引き上げ、原稿を書くスペースを出して、そこにプレゼン原稿を書き込んでいます。

　原稿をアウトプットする時は、印刷でノートを選択すれば、上に企画書、下に原稿が現れます。

　もちろん、ワードなど原稿を書くスペースがないソフトを使っている方は、別のところに書き込んでも全然問題ありません。

　具体的にどんなトーン＆マナーで書き込むのかというと、基本は**今まさにプレゼンしている最中だと思って、臨場感を持って書きます**。そうするとプレゼン原稿は**丁寧語の話し言葉**になります。

　例えば、第8章2［「街の本屋さんの再生」の企画書］（259頁参照）の事例で、冒頭のオリエンの確認の頁の原稿をどのように書いたかを紹介しますと、次頁の図のように「まず、オリエンの確認ですが、『このところ売上げが減少し続けている我が街の我が書店を再生し、どんな案で立て直したら良いか』ということでした」と書きます。

　そしてその後に、「**私たちも、深刻な課題と受け止めました**」を加えました。そうすることによって、依頼主の悩みに深く同調しているなという態度が伝わり、共感を得ることができるのです。

Check it!

☑ プレゼンの原稿は、今まさにプレゼンをしていると思って臨場感を持って書く。

1. オリエンテーションの確認　　　　1

　　このところ、売り上げが減少し続けている

　　　我が街の我が書店を再生したい

　　　どんな案で立て直したらいいか

原　稿

- まず、オリエンの確認ですが、『このところ、売り上げが減少し続けている我が街の我が書店を再生し、どんな案で立て直したら良いか』ということでした。
- 私たちも、深刻な課題と受け止めました。

7−3

〈プレゼン力を格段に上げるカギ〉
プレゼン原稿はまず一気に書け

POINT　　プレゼン時間は短い

　プレゼン時間は意外に短いものです。その中で、どう話の流れをつくり、相手の心を動かすかが勝負になります。

　そう考えると、原稿はまず一気に書いてみることをお勧めします。

　第4章26［〈作業が進むヒント〉企画書作業は脱オフィスで］（191頁参照）でもお勧めしたように、比較的空いている喫茶店など半パブリックな場所でやると意外に筆が進みます。

　そしてとりあえず書き終えたら、文章全体を眺めてみましょう。一気に書き進めた文章なので、修正点がどんどん現れてくるはずです。修正箇所に気づいたら、すかさず修正しましょう。

　ひと通りましな文章になってきたら、プレゼンの勘所で述べた熱意、プロフェッショナル性、謙虚という3つの姿勢を感じられるか、答えを最後まで見せていないか、言葉のつなぎはどうかをチェックポイントとして、もう一度全体を眺めてみてください。

　ここで、「言葉のつなぎ」って意外に重要なんだなとわかるはずです。

Check it!

☑　原稿は一気に書いてしまって、後から直すのがお勧め。

7-4 〈プレゼン力を格段に上げるカギ〉

音声入力も試してみる価値あり

POINT 入力するのに適当な環境が少ないのが玉にキズ

スケジュールやちょっとしたTo-Doリストの入力などで、スマホの音声入力を使っている方もいると思います。私はスマホに思考メモを残していますが、時に応じて音声入力を使い重宝しています。

最近のスマホは比較的長いセリフでも、ある程度正確にテキスト化してくれます。

ですので、プレゼン原稿を音声入力して、それから企画書にダウンロードする方法もありで、私も時々使う手法です。

そんな私が感じるのは、音声入力するのに適切な環境が意外に少ないことです。前述した原稿書きが進む半パブリックな場所でも、音声入力は周りの目が気になるので集中できません。

一方、自室、会社の会議室など周りに聞こえない空間でやるとなると、意外に集中力が続かないです。

また、アウトプットの精度は当然100%ではないので、必ず修正作業が必要になります。それが意外に手間取り、これなら手書きのほうが早いかもと感じる時があるのも事実です。

さらに、口語で直接入力する文章というのは、全体としてみると意外に辻褄が合っていないことも多いことに気づくでしょう。自分の手で文章にするという行為は、変換の段階で脳がその整合性をチェックするので整然としていますが、口語となるとそのあたりはまだ弱いのです。

とは言え、音声入力の**精度は今後もどんどん上がっていきますし、将来は小声でも正確にアウトプットできるようになる**でしょう。プレゼンの原稿書きでも、音声入力を試してみることは価値があると思います。

Check it!

☑ 原稿を書く時は音声入力も試してみる価値あり。

7-5

〈プレゼン力を格段に上げるカギ〉
誰に対して話すのかを決めよ

POINT　コミュニケーションのトーン&マナーが異なるはず

プレゼンの当事者だった場合、誰しも今度のプレゼンの相手は誰がキーマンかを考えるでしょう。

これは重要なシミュレーションです。それに応じてトーン&マナーを微妙に変えることにより、話の伝わり方が全然違うこともあります。

例えば先方が初めての取引先で、相手が目上の人か、あるいは現場の人かでもトーン&マナーは変わってきます。**目上の人なら、プレゼンターが心がける姿勢3つの中でも、特に謙虚さや熱意が大切**になってきます。

その場合、冒頭でさりげなく自己紹介するのが効果的です。

例えば、「改めまして、○○社の○○部課長の○○と申します。今日は貴重なお時間をいただきありがとうございます。今回の企画担当として僭越ながら内容を簡潔にご説明させていただきます」という具合です。

また、先方が**現場の担当者**なら、**プロフェッショナル性をさりげなくアピール**するのが良いでしょう。

例えば、「今回のテーマに関しては弊社で若干の経験もあり、私もそこそこ関わってきました。なので、そのような知見が多少でもお役に立てば幸いです」というような言葉で始めたり、プレゼン内容に「弊社の経験値では〜」や「○○に関しては他社ではあまり言われていないようですが〜」という言い方をしたりするという具合です。

さらに、**すでに面識がありプレゼンも経験した相手には、前回をふとリマインドさせるような言い方をするのも有効**です。

例えば、「前回は、○○の件で色々お世話になりました。その経験を踏まえつつ、今回の提案を考えて参りました」とか、「前回、御社はこの点を重視しておりましたので、今回この部分を重視しました」とかいう言い方です。

Check it!

- ☑ 誰に対して話すのかを決めることでトーン＆マナーを変える。
- ☑ ちょっとした言葉の付け足しで、ぐっと相手の心をつかめることもある。

7-6

〈プレゼン力を格段に上げるカギ〉
仲間の前で模擬プレゼンする

POINT　　特にプレゼンターが複数の場合にお勧め

次に練習の仕方についてのいくつかのティップスについて述べます。

最も効果的なことは、企画チームやその上司などを仮想相手に見立て、**皆の前で模擬プレゼンをやり、プレゼン前に今まで気づきにくかったアラや問題点を客観的に指摘してもらうこと**です。

広告代理店では、大きな得意先に対する競合プレゼンの時には、必ず事前にチームが集合し、担当営業や局長の前でプレゼンの予行演習をします。

聞き手はクライアントニーズを知っている人たちなので、その評価や印象は大変参考になります。

特に、プレゼンを複数人でやる場合には有効で、各人の時間配分の適切さや受け渡しのスムーズさを見ます。

ありがちなのは、バトンを受け取った者があたかも最初に戻ったかのように、大上段から始めて内容が重複してしまうケースです。聞き手にとってはいかにもまどろっこしい感情を芽生えさせてしまいます。これではプロフェッショナル性を感じさせることはできないでしょう。

逆に、前のプレゼンターの説明内容との連関が全く感じられないのもダメです。**バトンを渡されたプレゼンターは、自分は全体のどこのパートを受け持ち、前の内容をどう引き継いでいるのかを把握してプレゼンすることがスムーズに進めるコツ**です。

Check it!

☑ 仲間の前でやる模擬プレゼンは様々なメリットがある。

☑ 特に、複数でバトンを引き継ぐプレゼンの場合はお勧め。

7-7 〈プレゼン力を格段に上げるカギ〉
地下鉄演習がお勧め

POINT　原稿なしでスムーズにプレゼンできるようになる

前項目で仲間の前で模擬プレゼンすると良いと述べました。しかし多くの場合、時間的にそんな余裕などないことが多いです。また、1人で最初から最後までプレゼンする状況もあるでしょう。

そこでお勧めなのは、地下鉄演習です。

地下鉄演習とは、私がつくった造語です。その意味は、地下鉄とは限りませんが、つまり電車移動や散歩など**手持無沙汰な時に、頭の中に企画書と原稿を再現しながら、一人脳内シミュレーションを行う**というものです。

具体的にどうやるのかと言うと、**企画書の内容を1頁ずつ順に思い浮かべつつ、ここで何を言うのか原稿を思い出しながら丁寧語でつぶやいてみる**のです。そうすると、企画書も原稿も全部自分の頭の中に置いた状態であたかも架空プレゼンを進める状況になるので、「ああ、ここはこうしたほうがいいな」と数々の修正点が浮かんできます。

その気づきに合わせて、原稿の手直しだけでなく企画書の手直しもしてしまいます。**シミュレーション中に修正点を思いついたら、すかさずスマホにメモしておきましょう。**これが昔はできなかった現代ならではの非常に効率の良い作業になります。さらに、もう一つの効用もあります。それは、この作業を通じて脳への刷り込みが自然に行われるので、そこで言いたいことを忘れにくくなるのです。すなわち、**原稿なしでもスムーズにプレゼンができるようになります。**

Check it!

☑ 手持無沙汰な時間を使って、プレゼンの一人シミュレーションをしよう。

☑ 特に、電車で移動の時などがお勧め。

7-8

〈プレゼン力を格段に上げるカギ〉
Zoomプレゼンの勘所

POINT　さらに理詰めのプレゼンが必要

2020年初頭から世界的に蔓延したコロナ禍の影響で、**リモートプレゼン**（ここでは**Zoomプレゼンとします**）へのシフトが進んでいます。

私も何回か経験しましたが、やはりリアルとは異なるリテラシーが必要と感じました。

その勘所として3つ挙げます。

(1) 理詰めのプレゼンが効く

対面ではないので、当然ながら目を見て話すこともできないし、相手の一挙手一投足に反応しながらプレゼンすることもできなくなります。これを逆から言えば、プレゼンターの温度感を受け手は受け取りにくくなるということです。前述したプレゼンターの心がけるべき姿勢であげた「熱意」「謙虚」が、Zoomプレゼンではあまり寄与しないでしょう。そんな時**重要なのは、やはりロジック優先で説得していく理詰めのプレゼン**です。本書では、リボンフレームを使ってそのことを解説していますが、そのようなアプローチは今後益々重要になってくると思われます。

(2) グラフ、チャート、質問を途中で入れる

元々リアルでもこの工夫は大事ですが、ここではZoomプレゼンという場の中で心がけるべきこととして挙げます。Zoomの場合、何と言っても画面いっぱいのスライドありきで進んでいきますので、これが単調だとすぐ飽きてしまいます。ですので、文字だけでなく、**グラフやチャートなど解析型の要素を入れて興味をつないでいったり途中で質問を入れたりして、聞き手を常に自分事にして興味を引きつける工夫をすることが有効**です。

〈 Zoom では理詰めのプレゼンが効く 〉

戦略としては
次のように…

こちらの課題に
つきましては…

企画書

プレゼンターがいくら熱弁しても
相手には企画書しか見えない

(3) 最後にサマリーを用意する

　Zoomプレゼンは、どうしてもスライドで1枚1枚順を追って説明していくことになるので、前頁がどうだったか、頁と頁はどうつながっていたかなど、聞き手が確認したくてもできない状況となります。そこで**プレゼンの最後には、全体を俯瞰できるようにサマリーを付ける工夫も是非試してみてください**。そしてこのサマリーもできるだけわかりやすく、チャート化して示すようにすると良いと思います。詳細は、第4章20［〈最終調整〉「サマリー」のつくり方2種］（180頁参照）を参考にしてください。

Check it!

- ☑ **Zoom は熱意などの温度感が伝わりにくく、理詰めで伝える傾向が強まる。**
- ☑ 見る側が途中で飽きやすく、そうさせないための工夫が必要。
- ☑ 最後にサマリーを付けると良い。

7-9

〈プレゼン力を格段に上げるカギ〉
聞き手の集中力は 15 〜 20 分

POINT　　企画書だとせいぜい 17 〜 18 枚くらい

　プレゼンの依頼事項には、日時、場所、時間の制約がついて回ります。どんな場所でやるかもさることながら、何分できるのかという**プレゼン時間は非常に重要**で、当然ながらそれによってやり方や内容を変える必要があります。

　私は最短だと 4 〜 5 分、最長だと 4 〜 5 時間のプレゼンまで色々経験してきましたが、**最悪なのはキーマンがウトウトし始めた時**です。そうなると、せっかくの貴重なメッセージが相手に何も残らないのです。

　ここではそうならないように、プレゼンの進行をどうマネジメントしていくかのコツを伝授します。

　留意すべきは、聞き手の集中力は意外に続かないということです。私の経験だとせいぜい15分から20分が限界です。従って、15分から20分以内に全体論を終わらせるのが理想的です。

　15分から20分以内となると、**戦略中心の企画書で説明できるのは10枚から17 〜 18枚くらいまで**です。

　これより短い場合のマネジメントは簡単で、何を残し何を削るかを決めれば良いだけです。リボンフレームでつくった企画書はロジックの可視化ができていますから、その処理はしやすいと思います。

　一方、これより長い場合ですが、下記のようにテーマ別に分けていきます。つまり、**テーマとテーマの間である程度間をつくり、聞き手が新たな気分で聞けるような設計**にします。

　広告代理店の場合で言えば、戦略、クリエイティブ、販促施策、というテーマに分けて、それぞれせいぜい 5 〜 20 分くらいで説明していくケースが多かったです。

　質疑応答はプレゼンにおいて重要な構成要素です。何故なら、Ｑ＆Ａを通じ

〈 時間マネジメントの心得 〉

1 プレゼン相手の集中力は
せいぜい15 〜 20分

2 企画書はせいぜい 17、18枚

3 質疑応答時間は最後に設定

キーマンがウトウト
しだしたら最悪！

ZZZ...

て自分たちの提案の趣旨や内容が明確になっていくからです。

任意に設定できるのであれば、**必ず最後に質疑応答の時間も確保しておきま
しょう。**

プレゼン中に質疑が入ってくると、どうしても話の腰を折られプレゼンター
の話が散漫になるので、それを避けるためでもあります。

Check it!

☑ 聞き手の集中力は意外に短い。

☑ プレゼンターが変わる場合は、聞き手にそこで気分転換してもらう。

☑ 時間がない場合でも、質疑応答は最後が望ましい。

7 – 10

〈プレゼンを飽きさせない方法〉
現物用意

POINT　　リアルなものを見せたり、触らせたりする

　ここからプレゼンを飽きさせないためのちょっとしたティップスを解説します。

　プレゼンは基本ペーパーやスライドで進めていくので、どうしても単調になりがちです。長い間、皆がスライドを眺めていたり、企画書に目を落として文字を追ったりしていくので、段々疲れてきます。

　そんな時、**自分たちの手元にリアルな現物を用意し、見せたり触らせたりする手法は、単調な進行を防ぐのに役立ちます。**

　一番わかりやすいのが、提案物のプロトタイプ（似せてつくったもの）です。実際どんなものをつくるのかをプレゼンの場で見せてしまうのです。

　もちろん、そのような提案でない場合や精度の問題などがありますが、もし用意できれば、見る人を飽きさせないどころか、自分たちの熱意も感じさせる良質なプレゼンができます。

　リアルで見る人を驚かせるというコンセプトは意外に有効で、例え提案物そのものでなくても、提案に関連する何かを見せるという手もあります。

　実際にあった例では、提案するCMをつくるハリウッドの映画監督からの直筆の手紙を手渡したケースがありました。ちょっとしたパフォーマンスになるので、一服の清涼剤になります。ただし、この手法はリアルの価値を利用したものなので、リモートプレゼンの場合、効果は半減してしまいます。

Check it!

☑ プレゼンに見たり触ったりできるリアルな現物を持ち込むと効果的。

☑ 持ち込むものは、例えば提案物のプロトタイプやそれに関連するものなど。

7−11 〈プレゼンを飽きさせない方法〉

ユーザーの生声ビデオが効く

POINT この手法は世界で通用する

第4章5［〈企画書の勘所〉ユーザーの声こそ最強の説得材料］（148頁参照）でも述べましたが、ここではそれを直接活用する方法について述べます。

経営者やクライアントが皆、顧客の声には非常に関心があるのは疑いのないところです。

ですから、**プレゼンでそれをできるだけダイレクトに見せるのが効果的で、かつ見る人を飽きさせない手法です。**

私はマーケティング職なので、様々な調査を経験してきました。その中でも、街頭インタビュー、家庭訪問調査、FGI（フォーカス・グループインタビュー）、DI（デプス・インタビュー）などを実施した時は、**必ず2〜3分程度のビデオにまとめて、顧客の声をプレゼンで見せることをやってきました。**

日本だけでなく、欧米、中国、タイ、インド、UAEなど色々な国で同じことをやってきましたが、どの国でも皆、興味津々で見入っていました。

調査の活用というと、調査レポートとして表やグラフにして見せることが普通ですが、**プレゼンでは、そのエッセンスをお客様の生声として動画で見せたり、聞かせたりする手法がとても有効なのです。**

何が良いのかというと、ロジックの強力なサポートになるのはもちろんですが、同時にプレゼンを飽きさせない効果が絶大なのです。

Check it!

☑ ユーザーのビデオは皆興味津々になる。それをうまく使おう。

7 – 12 〈プレゼンを飽きさせない方法〉
音・映像効果はばかにならない

POINT　ちょっとした音効果でプレゼンを飽きさせない

　プレゼンに音効果・映像効果を取り入れて見る人を引きつけること、これは広告代理店特有の知見かもしれません。クリエイティブのプレゼンが多かったので、必然的に動画を見せることになり、その中でもＶコンテと言われる提案するＣＭをありものの素材で仮に編集してお見せするということをやっていました。

　そこまでやらずに「絵コンテ」というイラストのコマ割りで見せていく手法もありますが、それを見ただけでは、なかなかＣＭの内容が想起しにくいというのがあります。ですので、**実際に動画化するとこんな感じになりますというものをつくって補強する**わけです。これを**プレゼンに活用する効用は、やはり文字や静止画スライドにはない、動画と音響特有の相乗効果**があります。

　例えば、私が以前担当していた某チキン会社のプレゼンで、竹内まりやさんの曲を使ったＶコンテを作成して提案したら、一発で通ったことがありました。

　この時、大きな役割を果たしたのは、動画もさることながら、竹内まりやさんのBGMがぐっときたというのがあります。音効果はそれだけ大きいということです。ただし、本書でこのような大掛かりなものをつくろうと勧めるつもりはありません。提案したいのは、**ちょっとした音効果でプレゼンを飽きさせないものにできる**ということです。

　例えば、提案の肝心なところに来たとき、その前にちょっとした**ファンファーレ**を鳴らすとか、あるいは施策提案時にその雰囲気にふさわしい**BGMを流す**などの工夫をすると、相手の興味を惹きつけておけます。

Check it!
☑ プレゼン中の音効果・映像効果は抜群である。

7-13 〈逆転のプレゼン法〉

最初に結論を言う

POINT 　　競合プレゼンの最後の順番の時によく使う手法

　第6章3 ［〈プレゼンの勘所〉答えを肝心な場面まで見せない］（223頁参照）に逆行するような言い方ですが、プレゼンのテクニックとして全く逆のアプローチもあり得ることを覚えておいてください。

　どんな場合に有効かというと、**相手に時間がない場合、あるいは複数のプレゼンなどで情報洪水にある状態の時**などです。

　社長を思い浮かべてみてください。超多忙だったり、色々な情報洪水の中でプレゼンを聞く立場の人です。そんな相手の頭にシンプルに残したい時に有効な手法がこの「**結論ファースト**」論法なのです。

　私たちがこの手法を使ったのは、**競合プレゼンで最後の順番に当たった時**でした。プレゼンを受ける側は、前半部分の分析の話に関しては何度も同じような話を聞き、半ばうんざりしています。そこで、最後になった場合は飽き飽きしている部分は省いて、先に結論から述べてしまうのです。

　この場合は、入り口設定が大事です。

　例えば、「社長もお疲れだと思いますので、周辺の付随的な情報は後にして、結論から申し上げます」という言い方でプレゼンを始めたりします。

　そしてプレゼンの構成は、**結論としての戦略、その理由、施策**という流れにします。いきなり結論から入ったとしても、その理由は簡単にでもしっかり述べるのがコツです。

　例えば、戦略を述べた後の頁の流れは、**その根拠1、その根拠2……のようにわかりやすく箇条書きにしつつも、落とさずしっかり述べていく**のです。

〈 逆転のプレゼン法① 〉

企画書

結　論

その根拠

結論から
述べますと

☑ 時と場合によっては、「結論ファースト」のプレゼンがお勧め。

7-14

〈逆転のプレゼン法〉
オリエン返し

| POINT | 実施にはそれなりの根拠と確信が必要 |

オリエンテーションには色々なレベルがあると述べましたが、内容が課題や戦略をすでに打ち出している場合があります。

相手も色々考えてそこまで提示しているわけで、**多くの場合、プレゼン側はそれを前提に企画を考え、プレゼンしたほうが良いでしょう。**

しかし稀にですが、分析の結果、提示された戦略や前提の置き方自体に問題があり、変えたほうが良いというケースもあります。

そんな時は、**あらかじめオリエン＝依頼事項と若干違う角度のプレゼンであることを断った上で実施します。**広告代理店では、通称「オリエン返し」と言います。

これは実際にあった話です。ある新車導入のオリエン書には、「メインターゲットであるセダン購入意向者だけでなく、SUV購入意向者も合わせて取る戦略プランを考えて欲しい」と書いてありました。

これに疑問があったため、我々は侃々諤々議論したあげく、「オリエン返し」をすることに決めました。

プレゼンの冒頭に、

「色々分析した結果、オリエンの指示とは若干違った課題を発見したため、本日それをプレゼンさせていただきます。

我々は諺にもあるように、二兎を追うものは一兎をも得ずという原則から、オリエンを徹底的に見直しました」

と言って始めました。次頁の図は、その際に使った出だしの頁です。

このようなプレゼンを実施する場合、それなりの決断が必要です。何故なら、先方から提示されたオリエン書はある種の合意事項であり、それを覆すわけですから、**あえてそれをやる根拠と確信は用意しておかなければいけません。**

私の経験から言うと、しっかり考えてきた結果そのようなプレゼンを実行した場合は、クライアントも理解を示してくれる場合が多いです。

第7章
企画書をプレゼンするための実践的テクニック

「二兎を追うものは一途を得ず」として、オリエン返しした実例の頁

MUST AVOID

Must AVOID!

二兎を追う者は一兎をも得ずに陥るようなコミュニケーションは、絶対に避けなければならない

Check it!

☑ 「オリエン返し」という荒業もあるが、それなりの根拠と確信が必要。

7−15

〈ミソレーニアス〉
質疑応答が苦手ならどうする?

POINT　　筆者も質疑応答が苦手だった

　プレゼン時の質問に答えるのが苦手という方もいると思います。その理由は、プレゼンと違って**即応性が必要**だからです。特に、思ってもみない角度から質問が飛んできたりすると、一瞬頭の中が真っ白になってしまいますよね。私も何度もこれを経験しました。

　ここでは、そんな時、慌てずにどうこなすかのティップスを述べます。なお、ミソレーニアスとはその他の留意点のことを言います。

(1) 想定問答集を幅広く網羅し整理しておく

　第4章23［〈最終調整〉「想定問題集」をつくる］（185頁参照）で、想定問答集を事前に準備しておくことをお勧めしました。

　依頼事項のポイントや相手の立場や癖などから、**想定問答を幅広く網羅し整理しておけば、飛んできた質問がそのどれかに関連している確率は高い**です。全く同じ質問でなくとも、答える時はそれをアレンジすれば良いわけなので、わりとしっかり答えることができます。

(2) 一瞬の考える時間を確保する

　質問中にも答えが浮かび「これを言おう」と思ったとしても、すぐに答えず、どう言おうかという組み立てまで考えて受け答えすると、聞き手に「この人はスマートだな」と映るなど印象が違ってきます。

　そして人間の頭というのは、5〜6秒あれば考えをまとめられるものです。従って、**一瞬の考える間をつくるテクニックを身につけておく**と便利です。一番わかりやすいのは、聞かれた質問を繰り返すことです。

　例えば、「**今ご質問いただいたのは、○○という意味でよろしいでしょうか？**」と切り出すことで、一瞬の考える間を確保できます。

(3) 正直に考える時間をくださいと言う

　質問の中には、全くの想定外で、かつ専門性を持って受け答えなければならないものも出てきます。その時は、**少しお時間をくださいと正直に言いましょう。ポイントは、「非常に重要な質問なので」**などとその理由をしっかり言うことです。

　その場で解決できる場合は、いくつかの質疑の間に考え、最後に回答します。

　また、その場ではわからない場合は、「○○に関しては、社内の専門家の意見が必要なので後日回答させてください」と言うこともできます。

　プレゼンの骨格に関わるようなことではなく、また、施策にしても細かい部分に関することであれば、それでも問題はないはずです。

　質疑応答に関しては、何と言っても場数をこなすことが一番のスキルアップになります。避けて通らず、上記の３つを念頭にプレゼンごとに質疑応答の時間を設けて体験し、あなたの血肉にしていきましょう。

Check it!

- ☑ 質疑応答への対応は、想定問答を事前に幅広く整理しておくことが一番。
- ☑ 結局、場数をこなすことが一番のスキルアップになる。

7 – 16

〈ミソレーニアス〉
企画書は点数化される

　競合プレゼンを経験された方も多いでしょう。その目的は、複数ある提案の中で一番良いものを選ぶということです。

　選ぶからには基準が必要で、我々もよくその基準と点数配分表をクライアントから見せられることがありました。

　この選定基準は、当然業界によって様々ですが、ざっくりと分類すれば①**戦略**、②**施策**、③**実績**、の３つです。

　広告会社で言えば、①戦略、②クリエイティブやメディアの実行プラン、③スタッフィングと今までの実績、であったりします。

　冒頭に、良い企画書は、戦略が要（かなめ）だと申し上げ、リボンフレームでそれを実践する方法論を紹介してきました。ですので、ここまで読んでくださった方なら、①戦略やそれに基づいた②の施策の部分は自信を持てるはずです。

　一方、③実績は、第4章22［〈最終調整〉アペンディックスのつくり方②］（184頁参照）で、自分たちを信用させる頁を入れようと述べました。ですから、**それらを踏まえていれば平均点以上の企画書となるはずです**。これは何も競合プレゼンに勝つためではなく、全てのプレゼンに通用する原則です。

　プレゼンが終わっても企画書は残り、採用のための討議材料となります。企画書作業のフィニッシュは、上記の３つの基準をしっかり意識しましょう。

〈 広告会社による競合プレゼン採点表の例 〉

	A社	B社	C社	D社
戦 略				
クリエイティブ				
メディア				
販 促				
スタッフ				
計				

※戦略は10点満点、その他は5点満点

Check it!

☑ プレゼンで点数が高い部分は、戦略、施策、実績。

7-17

〈ミソレーニアス〉
次に活かすメモを残す

POINT	プレゼンが終わると大事な気づきを忘れてしまう

プレゼンは、数あるビジネスシーンの中でも、最も緊張感が高まる場面の一つです。本番前は、寝ても覚めてもプレゼンのことで頭がいっぱいになるものですし、失敗することがないように企画書を何度も見直すなど、準備に余念がありません。

だからこそ、プレゼン直後は、「ああしておけば良かった」「こうしておけばもっと違ったのに」など数々の気づきがあります。その高揚感から、スタッフ間でそのあたりの反省を話すこともありますが、月日が経つと詳細はすっかり忘れています。

しかしその中には、**次回につながる大事な気づきやティップスが含まれている**場合も少なくありません。「これは覚えておこう」と思ったら、すかさずメモに残しておきましょう。

■企画書がどう評価されたのかヒアリングする

企画が不採用の場合、その理由は通常は告知されますが、通り一遍の理由の場合も少なくありません。

どの点が評価されどの点が評価されなかったのか、他社はどうだったのかなど、できれば依頼者にヒアリングしましょう。**企画の評価を詳細に知ることにより、こちらが見落としていたこと、次回は気をつけるべきことがわかったり**します。

それを着実に活かすことによって、次回の企画書づくりのスキルが確実にアップします。

次頁の図は、プレゼン後の実際のメモの例です。参考にしてください。

プレゼンを終えて

◆総括
- 戦略は良かったが、クリエイティブが結びついていないと言われた。現地スタッフとの話し合いがうまくいってなかったことを見透かされた。ここが一番の課題。
- デジタル戦略が融合しておらず、浮いているように感じだと言われた。痛い所をつかれた。

◆企画書について
- ビデオで見せたユーザーの生声調査は非常に興味深かったと言われた。この種の手法は大事だ。
- 戦略が誤解して伝わっていた人が複数いた。キーワードに頼り過ぎて、もう少し噛み砕いた説明が必要だったかも。

◆プレゼンについて
- 順番が最後なので得意先が疲れていた。プレゼンはやはり一番先が良い。
- 現地取材でのお土産を見せたら皆目を輝かせていたな。リアルで手触りのあるものを提示できると興味をつなげられる。

Check it!

☑ プレゼン後のヒアリングをしよう。

☑ 次に活かせる気づきをメモに残すことが大事。

RIBBON
FRAME

4つの企画書範例

プレゼン原稿のレクチャー

Business Proposal & Presentation

8 − 1 範例①「街の本屋さんの再生」の企画書
表紙

○○書店 御中

○○書店
再生施策のご提案

202×年×月×日
株式会社 △△企画

ここからは、いくつかの典型的な企画書のお手本を掲出します。

まずは、第5章で取り上げた「街の本屋さんの再生」の企画書です。

企画書はすでに出来上がっているので、ここではそれをプレゼン原稿付きで俯瞰して見てみましょう。

プレゼン原稿

●株式会社△△企画の××です。
●今日は、御書店をどう再生していくかの提案をさせていただきます。

8－2　範例①「街の本屋さんの再生」の企画書
オリエンの確認

---

1. オリエンテーションの確認　　　　　　1

　このところ、売り上げが減少し続けている
我が街の我が書店を再生したい
どんな案で立て直したら良いか

プレゼン原稿

- まず初めに、オリエンの確認です。
- 「このところ、売り上げが減少し続けている我が街の我が書店を再生したい。どんな案で立て直したら良いか」ということでございました。
- 私たちも深刻な課題として受け止めました。

8 - 3 範例①「街の本屋さんの再生」の企画書
現状分析

---

2. 現状分析   2

【問題点】

- 本を読まない人が増えた
  →大学生の半数が本を読まない(20××年秋　生協調査より)

- ネットで買う人が増えている
  →Amazonなどネット書店で買う習慣が広がり、これが街の本屋さん
  に大きな影響を与えている

【機会】

- 店頭の賑やかしで生き残りを図っている書店がある
  →ヴィレッジヴァンガードは手書きPOPで店内を埋め、B&Bは毎夜
  イベントを開催

- 本屋がなくなることを憂えている人も多い
  →お客様を共感を呼び起こせば、再度引き戻せる可能性もある

プレゼン原稿

- まずは現状の問題点や機会を洗い出しました。4つのポイントがあります。
- 第1に、売り上げ減少の原因として、本を読まない人が増えたことが挙げられます。20××年の生協調査によりますと、何と大学生の半数が本を読まないというデータがあります。
- もう一つの不振要因は、本をネットで買う人が増えていることです。Amazonなどネット書店で買う習慣が広がり、これが街の本屋さんに大きな影響を与えているということです。
- 以上が問題点ですが、チャンスとなる明るい情報もあります。
- 一つは、お店を賑やかにしてお客様を惹き付け続けて成功している本屋さんがあります。例えば、ヴィレッジヴァンガードという書店は手書きPOPでお客様を惹きつけています。
- B&Bという書店は、毎夜トークイベントをやってお客様を楽しませています。
- また、世の中を見渡すと本屋がなくなることを嘆いている人も多いことがわかりました。
- この人たちをいかに味方につけるかという考え方も出てきますね。

8 - 4　範例①「街の本屋さんの再生」の企画書
課題の考え方

---

3. 課題の考え方　　　　　　　　　　3

- 本を読む人の減少は、いち本屋での解決は難しい（原因①）
- もう一つの要因＝お客様がネットに流れていることを何とかする（原因②）
  - ・他の本屋のように何らかの活動をやって存在感を増すことで、この本屋さんのかつてのファンを引き戻すことができれば、客離れを解消できるはず

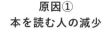

原因①
本を読む人の減少

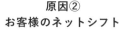

原因②
お客様のネットシフト

プレゼン原稿

- 今回の課題の考え方ですが、売り上げ不振の原因①、すなわち、本を読む人の減少は、いち本屋での解決は難しいでしょう。
- ならば、もう一つの要因、つまり、ネットに流れているお客様を何とかすることに課題を設定します。
- 何故なら、他の本屋のように何らかの活動をやって存在感を増すことで、この本屋さんのかつてのファンを引き戻すことができれば、客離れを解消できる可能性があるからです。

第8章

4つの企画書範例　〜プレゼン原稿のレクチャー〜

8-5 範例①「街の本屋さんの再生」の企画書
課題

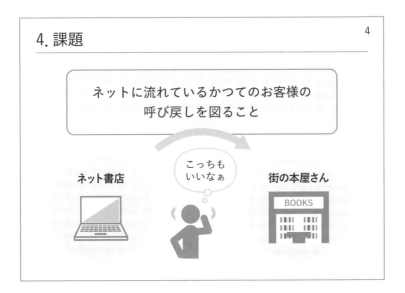

```
4. 課題                                            4
─────────────────────────────────────────

        ネットに流れているかつてのお客様の
              呼び戻しを図ること


                  こっちも
                  いいなぁ
    ネット書店                    街の本屋さん
                              BOOKS
```

プレゼン原稿

- そこで我々は、今回の課題を「ネットに流れているかつてのお客様の呼び戻しを図ること」と設定しました。

8-6 範例①「街の本屋さんの再生」の企画書
戦略の考え方

---

5. 戦略の考え方　　　　　　　　　　　　　　　5

ではネットに流れているかつてのお客様に
振り向いてもらうためには
どうしたら良いか？

それは、ネット販売にはない強味を発揮すること
つまり、実際にお店に来て本を触ったり、店主と
会話できたりというリアルの強味を発揮すること

プレゼン原稿

- では、かつてのお客様に「ああっ、こっちもいいなあ」と振り向いてもらうために
はどうしたら良いでしょうか？
- それは、ネット販売にはない強味をはっきすることです。
- ネット販売にない強味と言えば、実際にお店に来て本を触ったり、店主と会話で
きたりするということですよね。そう、リアルの強味を発揮するのです。

8 - 7 範例①「街の本屋さんの再生」の企画書
戦略

---

6. 戦略　　　　　　　　　　　　　　　　　　　6

お客様が喜ぶイベントをやって
街の本屋の良さを実感させる

ネットにはないリアルの価値とは何か？
それは、お客様がリアル本屋の本や雰囲気に
じかに触れて感じる心の豊かさ、充実感
つまり、体験イベントをやって、
リアル本屋の良さを実感させる

プレゼン原稿

- そこで今回の戦略は、ずばり、「お客様が喜ぶイベントをやって街の本屋の良さを実感させる」です。
- その理由ですが、ネットにはないリアルの価値とは何かを改めて考えますと、それは、お客様が本屋さんの本や雰囲気にじかに触れて感じる豊かさや充実感でしょう。
- つまり、体験イベントをやってリアル本屋の良さを実感させるのです。

8-8 範例①「街の本屋さんの再生」の企画書
施策

---

7. 施策
7

- 作家講演サイン会
  - 店内ファン投票で人気作家招聘
  - 講演と著者サイン本即売会をセットで

本屋でのサイン会のイメージ

- 本の解説会（ビブリオバトル）
  - 店主とスタッフ推薦の本をプレゼンし、
    参加者にどっちが面白そうかを決めてもらう

ビブリオバトルのイメージ

- LINE友達化し、こまめに情報提供
  - イベント時にLINEの友達登録をしていただく
  - 情報提供を通じて、馴染み客の継続的な来店促進を図る

プレゼン原稿

- そこで我々が提案する施策は3つです。
- 1つ目は、作家さんの講演サイン会です。
- まず店内で来店したお客様に作家のファン投票をしてもらいます。そこで1位になった作家さんに実際に来てもらい、簡単な講演と著者サイン本即売会をセットで行う案です。
- 2つ目は、お勧め本の解説会です。
- 店主さんとスタッフさんがそれぞれ自薦の本を選んでもらい、3分などの制限時間をつけて本の売り込みプレゼンをし、参加者にどっちが面白そうかを決めてもらうイベントです。
- これはビブリオバトルと言って、一時TVでもやっていた面白いイベントです。
- 3つ目は、LINEを使って友達登録を促進します。イベントごとに登録者数を増やし、それを通じて、イベントの案内だけでなく、新刊情報などをこまめに情報提供をしていくのです。
- 通知を受けたお客様は元々、店に親近感を持っているので、確実に来店の動機付けになるはずです。

第8章

4つの企画書範例 ～プレゼン原稿のレクチャー～

8-9　範例①「街の本屋さんの再生」の企画書
施策の効果

---

8. 施策の効果

8

- **イベント効果**
  - 月2回開催、1回25人程度、客単価3000円として、売り上げは15万円
  - イベント単独では、効果は限定的

しかし…

- **LINEによる来店促進効果**
  - イベントをきっかけに、本の入荷情報、おすすめ本情報などこまめに情報提供を行う前提で
  - 現在、最盛時の7割の顧客数と仮定すると、
  - 現顧客の回転数を1.2倍、ご無沙汰客の半数が戻って来るとして、ほぼリカバーできる計算となる

プレゼン原稿

- 最後に、今回提案した施策の効果について、ご説明します。
- まずは、イベント自体の売り上げ貢献ですが、月2回開催し、1回につき25人程度集客し、客単価3000円として、月間15万円の売り上げとなります。
- 粗利率も高いので、これで売り上げ減少の一定のリカバリーができますが、イベント単独では全部を補いきれません。
- しかし、そこで登録するLINE友達によるつなぎ止め効果があります。
- 例えば、イベントをきっかけに、本の入荷情報、お勧め本情報などこまめに情報提供を行う前提で、現在、最盛時の7割の顧客数ですが、現顧客の回転数を1.2倍、ご無沙汰客の半数が戻ってくるとして、ほぼリカバーできる計算となります。
- つまり、イベント単独発想ではなく、そこで顧客とつながり直し、また店に来てもらうことがカギという考え方です。
- 以上、○○書店の再生施策に関するご提案でした。

8－10 範例②③④の企画書
3種類の企画書事例について

　ここからは、**地方創生、新商品開発**、**グローバル自動車コミュニケーション**の3種類の企画書事例をご紹介します。

　これらはまさに**企画法、発想法の参考になるものとして**起草しました。それぞれ架空のものではありますが、これからの時代に相応しいテーマで、**特に最初の企画自体が重要、という観点**で取り上げ、それをどう扱い、どう発展させていくのかを会話形式も交えて解説したものです。

　まず、**地方創生**は、「**実効性のある提案とは何か**」というマーケティングの発想を基に作成しました。

　次に、**新商品開発**は、今まさに問われている「**コト発想のマーケティング**」を基に作成しました。

　そして、最後の**新興国における新車導入戦略**は、マーケティングの王道でもある「**どうやって自分たちの陣地を築き、敵を凌駕するか**」の事例として取り上げました。

　いずれも、企画そのものがいかに大事で、それをどう企画書に仕立て上げていくかという手順が示されています。

　各範例の頁構成ですが、具体的な企画書を紹介する前に、まず、各企画のポイントを明記しました。

　次に、オリエンテーションの内容を紹介します。

　その上でリボンフレームの作業プロセスに従って、現状分析、課題抽出/戦略化（ロジック3点セット）、施策をそれぞれどのような観点からつくり上げたかを、スタッフの会話形式で記述しました。

　そしてその結果、リボンフレームとしてどうまとまったかを表しました。

　続けて、**実際の企画書を1頁ごとに表し、その下にプレゼン原稿を付記**しました。

　このことにより、**企画書とプレゼンの表裏一体感**が伝わり、皆さんの作業の

参考になればと思います。

　企画書の中には、多変量解析の事例や先端のマーケティング潮流の応用など、やや専門性の高い解析や施策なども含まれていますが、それらを難しく語るのではなく、平易に語っているのがわかると思います。

　なお、事例として取り上げた企画書は、実例を参考にしながらも、架空のものですのでご了承ください。

〈 企画書範例②③④の構成 〉

❶ この企画のポイント
❷ オリエンの内容

❸ 現状分析を考えるにあたって（会話形式）
❹ 課題と戦略化を考えるにあたって（会話形式）
❺ 施策化を考えるにあたって（会話形式）

❻ 出来上がったリボンフレーム

❼ 実際の企画書とプレゼン原稿

8 - 11 範例②「K市の地方創生」の企画書
ポイントとオリエンテーション

■ 企画のポイント

　次頁の図は、K市の地方創生プロジェクトに関するオリエンの概要が書かれた文書です。地方創生プロジェクトは、全国各地の地域自治体で取り組まれていますが、なかなか成功しません。その点はK市も踏まえており、このオリエン書からは、何とか実効性のあるものをつくりたいとの意志が伺えます。

　この企画のポイントは次の通りです。

- クライアントの思いをすくい取る。すなわち、確実な経済効果が見込める戦略としてまとめたこと
- 多少大胆でも他自治体が着手していないマーケティングの最新の潮流を織り込んだこと

　また、SWOT分析のうまい見せ方も参考にしてください。

■ オリエンテーション

　以下はオリエンテーション文書からの抜粋です。

◎業務目的

- K市の多様な地域資源の魅力をアピールし、地域経済を潤す戦略的かつ効果的に実施される地方創生戦略を策定のこと

◎業務内容

　⑴現状・課題の分析

- 　様々なデータを基に必要な要素を抽出し、分析を行うこと

　⑵戦略の提案

- 　骨太な戦略を重視し、施策は概要を記述のこと
- 　施策のブラッシュアップは採用された後で、市と共同で行う

　⑶提案書の作成及びプレゼンテーション

- 　上記に基づいた戦略と施策の提案としてまとめ、企画書として提出、プレゼンテーションを行うこと

企画の ポイント	●クライアントの思いのすくい取り ・経済実効性を企画の基準に ●マーケティングの最新潮流の提案 ・多少大胆でも他自治体との差別化を図る

K市地方創生戦略策定業務提案仕様書

1. 委託業務名
K市地方創生戦略策定等業務

2. 業務目的
K市においては、今後継続的な人口減少が見込まれる中、将来にわたって地域経済が維持できるよう、交流人口の拡大や移住の促進など様々な施策が進行中である。
これとは別途、本市においては、多様な地域資源の魅力をアピールし、地域経済を潤す戦略的かつ効果的に実施される地方創生戦略を策定することとしている。
本業務はその基本となる考え方、戦略を募るものである。

3. 業務内容
①現状・課題の分析
様々なオープンデータを基に必要な要素を抽出し、分析を行うこと
②戦略の提案
骨太な戦略を重視し、施策は概要を記入のこと
施策のブラッシュアップは採用された後で、市と共同で行う
③企画書の作成及びプレゼンテーション
上記に基づいた戦略と施策の提案としてまとめ、企画書として提出、プレゼンテーションを行うこと

4. スケジュール
本告知から3週間後の〇月×日
ただし、1日前に企画書をPDF形式で送付のこと

5. 企画提案参加要件
次に掲げる要件を満たしていること（以下省略）

8－12 範例②「K市の地方創生」の企画書
現状分析を考えるにあたって

　企画チームはそれこそ喧々諤々（けんけんがくがく）の議論をしましたが、ここでは特に現状分析のパートで、その考え方のプロセスを会話形式で整理してみます。

- 「地方創生事業は死屍累々（ししるいるい）。もちろん全部とは言わないが、その要因は他のまねっこで終わってたこと。予算ありきで本気の勝負を避けてきたことだと思う」

- 「そうだね。市もようやくそれに気づき、今回は骨太の戦略を、と言っているのだから、ここは経済効果のある本質をついた提案をしよう」

- 「第一の視点は、目線を人口減少の日本国内に向けていてもだめだということだろう。**視野を世界に向けるべきだ**」

- 「そう、DXの追い風もある。その本質は**離れていてもつながれること、それを前提に経済をつくれることだ**」

- 「幸い、K市は多くの外国人が訪れた実績がある。その理由は日本有数のパワー・スポットがあるからだ。**彼らとバーチャルでもつながり続けることがカギ**ではないか」

- 「そうそう。今まで外国人というと、言語の壁で本気で向き合う職員が少なかったが、今こそ向き合うべきだろう」

- 「AI翻訳技術の進化で今では瞬時に翻訳でき、**言語の壁を取り払うことが可能**だ」

- 「**全世界的なD2C**※**の流れ**が始まっている。K市もいち早くそれを取り入れた都市にしていくべきだ」

- 「よし、現状分析では今話した流れをコンパクトにまとめよう」

※D2Cとは、「Direct to Consumer」の略で、「製造者がダイレクトに消費者と取り引きをする」というビジネスモデル

　上記の会話を簡略化したものを図で紹介しておきます。他の項目でも同様です。

〈 チームの会話の様子 〉

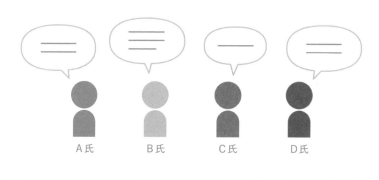

A：「地方創生は、他のまねっこではダメ」

B：「経済効果が重要」

C：「日本国内でなく、目を世界に向けるべきだ」

D：「DX の追い風を利用しよう」

C：「幸い K 市は多くの外国人来訪実績がある」

A：「K 市には彼らを惹きつけるパワー・スポットがある」

D：「全世界的な D2C の流れが始まっている」

A氏　　B氏　　C氏　　D氏

8 - 13

範例②「K市の地方創生」の企画書
課題と戦略を考えるにあたって

　現状の議論の中で、すでに戦略の考え方も一部出ていましたね。ここでは、それをどう構造化していくかについて、やはり会話方式で解説します。

- 「この企画書は、まず**課題の設定が大事**だ。先ほどの議論でもあったように、**目線を海外に向けさせるアテンション（注意喚起）の役割を果たす**ものにしよう」

- 「ロジック３点セットの要素としては、"**K市を訪れてくれた外国人に目をつけること**"と"**彼らとリモートでつながる仕組みをつくること。その中にモノを売る仕組みもあること**"と"**その根拠としての世界のDX化の流れ**"だな」

- 「根拠としてのＤＸは手垢のついたワードなので、"**ファンマーケティングの手法を使う**"というのがあるんじゃないか？　つまり、K市に２回以上来てくれた人は、K市の大ファンであるわけだ。そういう人たちに向けたファンマーケティングの考え方を実践というのが根拠になるのではないか」

- 「そうだね。ロジック３点セットはそれでいこう」

〈 ロジック3点セット 〉

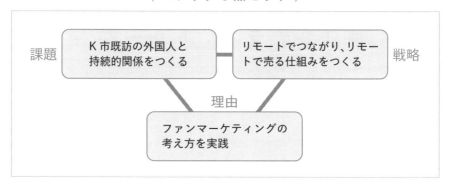

課題   K市既訪の外国人と持続的関係をつくる   リモートでつながり、リモートで売る仕組みをつくる   戦略

理由

ファンマーケティングの考え方を実践

〈 チームの会話の様子 〉

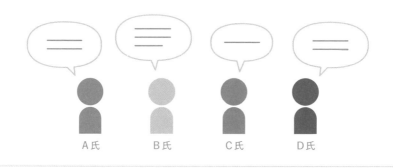

A：「この企画書は、課題の設定が大事」

B：「目線を海外に向けさせるアテンションの役割も
　　担わせよう」

C：「課題は、K市を訪れてくれた外国人に目をつけること」

D：「戦略は彼らとリモートでつながる仕組みをつくること」

C：「ファンマーケティングのノウハウを使おう」

A：「ロジック3点セットはそれでいこう」

A氏   B氏   C氏   D氏

8 - 14

範例②「K市の地方創生」の企画書
施策を考えるにあたって

次に、戦略に基づいた施策をどう整理したかを会話形式で解説します。

- 「戦略には、2つの要素が含まれているな。一つはK市を訪れた外国人とつながる仕組み、もう一つは彼らにリモートでモノやサービスを直接売る仕組みをつくることだ」

- 「前者に関しては、**多言語のコミュニティサイトをつくる**という手があります。K市のHPの中に、彼らがいつでもK市とつながれるサイトをつくりましょう」

- 「こちらからアプローチしていくきっかけとして、メルマガを装備して彼らにアプローチし、登録促進するのはどうだろう。メールアドレスが残っているはずだし」

- 「そうだね。このサイトでは**K市の来訪体験をしっかり思い出してもらお**う。そして、会話も楽しめるようにして、また来たいと思わせるんだ。バーチャル・ツアーも良いだろう。実際には来れなくても疑似体験させるという……」

- 「もう一つは、**K市の売り物を買いたいと思わせ、実際に決済と送り届けができる装置（ECサイト）**づくりだな」

- 「それに関しては、過去に弊社系列でお願いしているベンダー（専門業者）さんがいます。確かShopifyの仕組みで比較的容易に構築できるはずです」

- 「多言語での売り買いは大丈夫か？」

- 「彼らの付属サービスで50言語まで対応できるはずです」

- 「何を売るかというと、K市の特産品を売りたいところだが、それだけだと売らんかなの態度が見え見えだ。それもあるが、**体験を思い出させたり、増幅させるようなモノを売ろう**」

- 「例えば、パワー・スポットの神社で売っているご加護札とかお守りなんてどうですか？」

- 「いいねえ！ 山伏グッズなんてのもあるんじゃないか？」

〈 チームの会話の様子 〉

> A：「施策は、多言語のコミュニティサイトをつくるという手がある」
>
> B：「メルマガで登録促進するのはどうだろう」
>
> C：「もう一つは、K市の特産物を売り買いできる装置つくりだな」
>
> D：「Shopify の仕組みを使えば多言語でいけるはず」
>
> C：「モノだけでなく、体験を思い出せるコトを売ろう」
>
> A：「パワースポットのご加護札とかお守りなんてどうですか？」
>
> D：「いいねえ！」

8 – 15　範例②「K市の地方創生」の企画書
出来上がったリボンフレーム

　さて、今までの論旨をリボンフレームに整理すると、次頁の図のようになります。

　左側の現状分析は、SWOT分析手法を使ってそれぞれ簡潔に整理しました。順番に次のようになりました。

◆Strength …日本のパワー・スポットとしての豊かな地域資源とそれにより
　　　　　　多くの外国人が訪れた実績

◆Thread …来訪外国人需要が蒸発し、そのリカバリーに目途が立たない

◆Weakness …移住促進は成果を出しているものの経済実効性が上がらない

◆Opportunity …離れていても、モノのやり取りが可能になる世界が訪れた

　次に、ロジック3点セットですが次のようになりました。

課題：K市既訪の外国人といかに持続的関係をつくるか

戦略：リモートでつながり、リモートで売る仕組みをつくる

理由：ファンマーケティングの実践で帰属意識を醸成できる

最後に施策ですが、2つのメイン施策として整理しました。

1つ目は、コミュニティサイトの構築と運営として次のようになりました。

・K市オリジナルコンテンツを開発し常時アップ

・メールマガジンでターゲットにアプローチし、定期配信

・瞬時翻訳システムで皆でチャットが楽しめる仕組みに

・友達紹介システム

2つ目は、越境ECサイトの構築と運営として次のようになりました。

・K市独自の物産品、サービスを販売

- 構築、運用は弊社提携ベンダーを活用
- ご加護札、山伏グッズなどコト、物語を感じるモノも販売

〈 出来上がったリボンフレーム 〉

◆Strength
日本のパワースポットとしての豊かな地域資源とそれにより多くの外国人が訪れた実績

◆Thread
来訪外国人需要が蒸発し、そのリカバリーに目途が立たない

◆Weakness
移住促進は成果を出しているものの経済実効性が上がらない

◆Opportunity
離れていても、モノのやり取りが可能になる世界が訪れた（D2Cの流れ）

■コミュニティサイトの構築と運営
- K市オリジナルコンテンツを開発し常時アップ
- メールマガジンでターゲットにアプローチし、定期配信
- 瞬時翻訳システムで皆でチャットが楽しめる仕組みに
- 友達紹介システム

■越境ECサイトの構築と運営
- K市独自の物産品、サービスを販売
- 構築、運用は弊社提携ベンダーを活用
- ご加護札、山伏グッズなどコト、物語を感じるモノも販売

現状分析　　課題　　戦略　　施策

K市既訪の外国人といかに持続的関係をつくるか

リモートでつながり、リモートで売る仕組みをつくる

理由

ファンマーケティングの実践で
帰属意識を醸成できる

8-16 範例②「K市の地方創生」の企画書

表紙

K市 御中

K市の地方創生戦略に関するご提案
～実効性を伴う施策化に向けて～

20××年
株式会社 ○○商事

　ここからは出来上がった企画書をプレゼン原稿と共にご紹介します。

プレゼン原稿

- 株式会社○○商事の××でございます。
- 今回は、K市の地方創生戦略のご提案に参画の機会を与えていただき、誠にありがとうございます。
- 弊社も様々な経験を有しておりますが、今回は特別チームを結成し、本企画を立案してまいりました。
- 本日は、時間制限もありますので、ご提案内容を簡潔にプレゼンさせていただきますので、よろしくお願い申し上げます。

8－17　範例②「K市の地方創生」の企画書
オリエンの確認

---

1. オリエンテーションの確認　　　　　　　　1

■業務目的
- 多様な地域資源の魅力をアピールし、地域経済を潤す戦略的かつ
効果的に実施される地方創生戦略を策定のこと

■業務内容
①現状・課題の分析
- 様々なデータを基に必要な要素を抽出し、分析を行うこと

②戦略の提案
- 骨太な戦略を重視し、施策は概要を記述のこと
- そのブラッシュアップは採用された後で、市と共同で行う

③企画書の作成及びプレゼンテーション
- 上記に基づいた戦略と施策の提案としてまとめ、企画書として提出、
プレゼンテーションを行うこと

> **プレゼン原稿**

- まず初めに、オリエンテーションの確認をさせていただきます。
- 業務目的は、多様な地域資源の魅力をアピールし、地域経済を潤す戦略的かつ効果的に実施される地方創生戦略の策定でございます。
- 業務内容は、まずは様々なデータから必要要素を抽出し、分析を行うこと、そして、骨太な戦略を重視すること、その上で施策の概要を記述し提案を行うことということでございました。

8-18 範例②「K市の地方創生」の企画書
現状分析①

2-1. 現状分析①　　　　　　　　　　2

■K市の特徴

- 中堅レベルの観光地（認知、体験度は高い）
- 人口減続く。街に若い人が少ない、構造的な流出に悩む
- 地域資源は豊か（山々に囲まれた豊かな自然、山の幸や高地農産物）
- 歴史資源（神社仏閣、城跡、山伏伝説）あり
- 日本屈指のパワースポットとしてインバウンド需要も伸びていたが、コロナ禍後需要が蒸発

高原野菜　　　　　　　山伏塑像　　　　　　○○神社

プレゼン原稿

- 次に、K市の特徴を箇条書きにまとめてまいりました。
- まずは、全国市町村の中では認知度の高い観光地となっておりますが、10年連続で人口減少が続く。特に若年層が少ない、という構造的な問題を抱えております。
- 一方、地域資源は、山々に囲まれた豊かな自然、山の幸や高地農産物などが豊富にあり、また、神社仏閣、城跡、山伏伝説などの歴史資源も有しております。
- 最近では日本屈指のパワースポットとして、インバウンド需要も獲得しておりましたが、このコロナ禍以降、需要が蒸発している状態です。

8-19 範例②「K市の地方創生」の企画書
現状分析②

2-2. 現状分析②　　　　3

SWOT分析での整理

◆ Strength（強み）
- K市の山々に囲まれた豊かな地域資源
- 中でも、たくさんの寺社仏閣が点在し、山伏の修験道としての歴史を持ち、全国屈指のパワースポット
- これらは、地方創生のための非常にポジティブな要素

◆ Thread（脅威）
- 一昨年まで多くの外国人が訪れ、多大な経済効果をもたらす
- コロナ禍により、この需要は全て消失
- 今後の見通しとしても、外国人来訪の回復はまだ。これまでのインバウンド需要には頼れない

プレゼン原稿

- さて、現状分析ですが、様々な資料や調査をあたりまして、弊社なりに分析しました。そのポイントをSWOT分析を基に整理しました。
- まず、Strength（強み）は、K市の山々に囲まれた豊かな地域資源でございます。
- 中でも、たくさんの寺社仏閣が点在し、山伏の修験道としての歴史を持ち、今では全国屈指のパワースポットとなっています。
- これらは、地方創生のための非常にポジティブな要素として捉えられると思います。
- 一方、Thread（脅威）ですが、一昨年まではそのパワースポットに惹きつけられて、数多くの外国人が訪れ、多大な経済効果をもたらしましたが、コロナ禍によってこの需要は全く消失してしまいました。
- 今後の見通しとしても、外国人の来訪はまだまだ先と予測されており、これまでのインバウンド需要には頼れないという実情がございます。

8 – 20 　範例②「K市の地方創生」の企画書
現状分析③

2－3. 現状分析③ 　　　　　　　　　　　　4

◆ Weakness（弱み）
- インバウンド需要を国内の日本人でリカバリーするのは、現実的には難しい
- 別施策として、K市の関係人口を増やす、及び地方移住の促進の実績は上がっているものの、経済効果は限定的。コロナ禍で地方移住ブームという追い風はあるが、K市だけの競争優位にはならない

◆ Opportunity（機会）
- 世界のデジタル化が一気に進展
- デジタルの意味とは「世界のどこにいようと、情報、モノを届けることができる」ということ
- 世界にD2Cの流れが勃興
    例）Shopifyなどを使って、中小業者が世界を相手に商売を始め、ぐんぐん売り上げを伸長

プレゼン原稿

- 続きまして、Weakness（弱み）ですが、インバウンド需要を国内の日本人で補えるかと言うと、限界があるのは明らかです。
- 別施策として、K市の関係人口を増やす地方移住の促進を進めておりますが、実績は上がっているものの、経済効果は限定的でございます。
- コロナ禍で地方移住ブームという追い風はありますが、全国の地方がその対象ですから、K市だけの競争優位にはなりません。
- 続きましてOpportunity（機会）ですが、世界に目を向けますと、デジタル化が一気に加速しています。
- このデジタルの意味を改めて考えますと、「世界のどこにいようと、情報、モノを届けることができる」ということです。
- 例えば、Shopifyなどを使って中小業者が世界を相手に商売を始め、ぐんぐん売り上げを伸ばしています。
- これはD2C（ダイレクト・トゥ・コンシューマー）と言われており、今述べたコンセプトを体現した動きということができます。

8-21 範例②「K市の地方創生」の企画書
現状分析④

2-4. 現状分析④　　　　　　　　　　5

◆ Summary（要約）

- 地方創生は、何をやるにしてもそれなりの経済効果を伴う戦略策定が前提

- 人口が縮小する国内ではなく、視野を世界に拡げ、潮の変わり目を読み、いかに先手を打つかが地方創生の重要な視点

- K市は、世界の人々を魅了する神秘的なパワースポットを抱えるという資産を持ち、数多くの外国人が来訪経験を持つ

- リアルに頼らず、ITを駆使して、リモートで彼らを顧客化するチャンスがある

【プレゼン原稿】

- 現状分析のサマリーです。
- 地方創生がテーマですので、何をやるにしてもそれなりの経済効果を伴う戦略策定が前提となります。
- 従って、人口がシュリンクする日本国内ではなく、視野を世界に拡げ、潮の変わり目を読み、いかに先手を打つかが地方創生の重要な視点と考えます。
- 翻って、K市には、世界の人々を魅了する神秘的なパワースポットを抱えるという資産がございますし、一時多くの外国人が来歴し、ここで他では得難い体験をして帰っていきました。
- つまり、コロナ禍でこちらにリアルに来れないとは言え、ITを駆使して、彼らを顧客化するチャンスがあるのではないかと考えました。

8-22 範例②「K市の地方創生」の企画書
課題

---

3. 課題
6

**K市既訪の外国人と
いかに持続的関係をつくるか**

【その理由】

- 少子高齢化の日本に目を向けるより、すでに**K市に興味のある外国人
にアプローチする**ほうが経済効果が見込める
- デジタル化の進展で、リアルに頼らずバーチャルで関係構築を図り、
そのやり取りの中でビジネスチャンスをつくっていくことが可能
- まだどこの地方自治体も本格的には取り組んではいない状況
いち早く取り組み体制を作ることで一歩先の地方創生につながる

プレゼン原稿

- そこで、今回の課題ですが、「K市に来ていただいた外国のお客様といかに持続的な関係をつくるか」と設定しました。
- その理由ですが、今申し上げましたように、少子高齢化の日本に目を向けるより、すでにK市に興味のある外国人にアプローチするほうが経済効果が見込めるということでございます。
- さらに、デジタル化の進展で、まさにリアルではなくバーチャルで関係構築を図り、そのやり取りの中でビジネスチャンスをつくっていく、というのが可能な世の中になっています。
- それと、この目線での課題に関しては、まだどこの地方自治体も本格的には取り組んではいない状況です。
- なので、こうした課題を設定し、いち早く取り組み体制をつくることで、一歩先の地方創生につながると考えました。

8 - 23 範例②「K市の地方創生」の企画書
戦略の考え方

4.戦略の考え方 7

ファンマーケティングの考え方を実践する

■**ファンマーケティングとは**

- 人々の趣味、ライフスタイルがどんどん多様化、細分化していく中で本当にそれが好きな人たちを核にして、市場を拡げていく考え方
- ファンマーケティングの効果としては、好きがベースなので、たとえ市場が小さくても、そのモノやコトに関する熱い口コミを拡散してくれる。（広告効果などよりはるかに効果的な情報伝播を図ることができる）
- ファンなので好きに関連する商品サービスなどの定期購入や、困った時に買い支えをしてくれる

■**ファンマーケティングを推進する時のカギ**

- 共通体験の共有
- K市を好きになってくれた理由（神秘的な山々、寺社仏閣、山伏体験、街の人のホスピタリティなど）をリマインドさせ、お互いに高め合い、拡散させるようなコミュニティを形成する

プレゼン原稿

- では、どういった考え方で海外の顧客と持続的関係をつくるのかについてご説明します。それは端的に言えば、ファンマーケティングの考え方を取り入れ、実践することです。ファンマーケティングとは、人々の趣味、ライフスタイルがどんどん多様化、細分化していく中で、本当にそれが好きな人たちを核にして、市場を拡げていく考え方です。
- ファンマーケティングの効果としては、好きがベースなので、たとえ市場が小さくても、そのモノやコトに関する熱い口コミを拡散してくれることです。これは広告などよりはるかに効果的な情報伝播を図ることができます。
- また、ファンなので好きに関連する商品サービスなどの定期購入や困った時に買い支えをしてくれることが挙げられます。
- では、このようなファンマーケティングを推進する時のカギは何なのかと言うと、それは共通体験の共有です。K市を好きになってくれた理由は、神秘的な山々、寺社仏閣、山伏体験、街の人のホスピタリティなどいろいろあると思いますが、それをリマインドさせ、お互いに高め合い、拡散させるコミュニティの形成がカギとなります。

8 - 24 範例②「K市の地方創生」の企画書
戦略

---

5. 戦略　　　　　　　　　　　　　　　8

リモートでつながり、リモートで売る仕組みをつくる

- K市を既訪した外国人とのコミュニティをつくること
- そして、それを通じてK市独自の物産、サービスの提供を行い、経済に結びつけていくこと
- ITの力を活用し、それを具現化することが可能
- そのために、2つのネットサイトを構築

◇ **コミュニティサイト**
- K市の魅力をエンハンス(増幅)するコンテンツが常時アップされており、皆でチャットが楽しめ、また、バーチャル・イベントなどを開催する
- 外国語の問題は、瞬時翻訳システムでカバーしていく

◇ **越境ECサイト**
- コミュニティサイトと連携しながら、K市独自の物産品、サービスを販売する
- 販売品としては、よくありがちな特産品などのモノだけではなく、**皆が好きなコト、すなわち物語を感じるモノを販売**

プレゼン原稿

- そこでK市の地方創生戦略ですが、ずばり、K市を訪れた外国人とリモートでつながり、リモートで売る仕組みをつくること、言い換えれば、コミュニティをつくることです。
- 今ならITの力を活用し、それを具現化することが可能です。
- たとえ海外にいても、いつでもK市と触れ合える仕組みをつくること、そして、それを通じてK市独自の物産、サービスの提供を行い、経済に結びつけていくのです。
- そのために、2つのネットサイトの構築を行います。
- 一つは、コミュニティサイトです。ここに来ると、K市の魅力をエンハンスするコンテンツが常時アップされており、皆でチャットが楽しめ、また、バーチャル・イベントなどを開催します。
- 外国語の問題は、瞬時翻訳システムでカバーしていきます。
- もう一つは、越境ECサイトです。ここでは、コミュニティサイトと連携しながら、K市独自の物産品、サービスを販売します。
- 販売品としては、よくありがちな特産品などのモノだけではなく、皆が好きなコト、すなわち物語を感じるモノを販売していきます。

8-25 範例②「K市の地方創生」の企画書
施策①

6-1. 施策①　9

■コミュニティサイトの構築、運営

コミュニティサイトのイメージ

- すでにあるHPの一角を利用、K市ならではのコンテンツを適宜開発し常時アップ
  例)「K市の神秘」、「K市パワースポット巡り」、「山伏道場」など
- その一部をK市を訪れた方々に**メールマガジン**でアプローチし、定期配信
- 瞬時翻訳システムで皆が**チャット**が楽しめる仕組みに
- 定期的に、**バーチャル・イベント**を開催
  例)「パワースポット・バーチャル・ツアー」や「山伏道場ワンポイントレッスン」など
- 絶えず、リマインドさせ、関わりを持っていくことでコミュニティを盛り上げる
- K市訪問者をハブにした**友達紹介システム**をつくって、コミュニティサイトに訪れる人の輪を広げていく

プレゼン原稿

- 施策についてご説明します。
- まず、コミュニティサイトの構築、運営です。
- すでにあるHPの一角を利用し、K市ならではのコンテンツを適宜開発して、英語、中国語で常時アップされた状態をつくります。
- 例えば、「K市の神秘」、「K市パワースポット巡り」、「山伏道場」など
- その一部をK市を訪れた方々にメールマガジンでアプローチし、定期配信をするのです。
- また、皆でチャットが楽しめる仕組みにします。外国語の問題は、瞬時翻訳システムでカバーしていきます。
- 定期的に、「パワースポット・バーチャル・ツアー」や「山伏道場ワンポイントレッスン」などのバーチャル・イベントを開催するのも良いでしょう。
- このようにして、彼らにK市をリマインドさせ、関わりを持っていくことでコミュニティを盛り上げていきます。
- さらに、K市訪問者をハブにした友達紹介システムをつくって、コミュニティサイトに訪れる人の輪を広げていきます。

8 - 26 範例②「K市の地方創生」の企画書
施策②

---

6 - 2. 施策②

10

■越境ECサイトの構築、運営

越境ECサイトのイメージ

- コミュニティサイトと連携しながら、K市独自の物産品、サービスを販売
- 弊社提携ベンダーを活用、多国語でのサイト自体の構築は比較的容易に可能
- 運用は、ベンダーの関連サービスを使えば、省力化して運用可
- 販売品としては、特産品だけではなく、**神のご加護札、山伏グッズなど、コト、すなわち物語を感じるものも販売**
- 例えば、バーチャルツアーに参加した方々に、霊験あらたかなお守りグッズを物販

プレゼン原稿

- 次に施策②、越境 EC サイトの構築と運営についてご説明します。
- ここでは、コミュニティサイトと連携しながら、K 市独自の物産品、サービスを販売します。
- 弊社の提携ベンダーさんを使えば、多国語でのサイト自体の構築は比較的容易にできます。
- 問題は運用ですが、これもベンダーの関連サービスを使えば、省力化して運用できます。
- 販売品としては、よくありがちな特産品などのモノだけはなく、神のご加護札、山伏グッズなどコト、すなわち物語を感じるモノを販売していくのがポイントです。
- 例えば、バーチャルツアーに参加した方々に、霊験あらたかなお守りグッズを物販していくのです。

8-27 範例②「K市の地方創生」の企画書
全体のサマリー

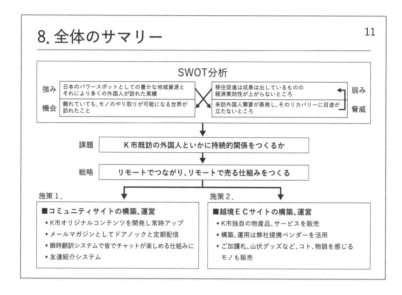

プレゼン原稿

- 最後に、今回ご提案のサマリーをご説明します。
- まずは現状分析を SWOT 分析で整理いたしました。
- K市は強みとして、日本のパワースポットとしての豊かな地域資源とそれにより多くの外国人が訪れた実績を持っていること
- しかし、脅威として、来訪外国人需要が蒸発し、そのリカバリーに目途が立たないところを挙げました。
- さらに、弱みとして、移住促進は成果は出しているものの経済実効性が結びついていないところ
- 一方、機会として、離れていても、モノのやり取りが可能になる世界が訪れたことを挙げました。
- ここから、K市の課題を「K市既訪の外国人といかに持続的関係をつくるか」と設定し、戦略を「リモートでつながり、リモートで売る仕組みをつくる」といたしました。
- 具体施策としては、コミュニティサイトの構築、運営と、越境 EC サイトの構築、運営を提案いたしました。
- 以上でございます。

8 – 28　範例③「R社の新商品開発」の企画書
ポイントとオリエンテーション

■ 企画のポイント

　精緻な部品加工技術を持つOEMメーカーが消費者市場に進出する例。中堅電動器具メーカーのR社は、独自の小型モーター技術によって、B to B市場で着実な成長を遂げていたが、社長の悲願で、消費者市場に進出することになりました。

　以下、この企画のポイントです。

- 新商品開発における可能性の範囲を調べる視点は、自社資源の検証と世の中のトレンドを見ること
- 自社資源の拠り所を、様々な得意先用にOEM化できる高性能モーター製作技術に求めた
- 世の中の大きな流れとして、「モノからコトへ」に注目
- 進出分野（どこに参入するか）と戦略（どのように参入するか）の2段論法で展開
- ホリスティック※ブランド（＝プロダクト＋サービス）の提案

　　※ホリスティックとは「全体的な」という意味。

■ オリエンテーション

　オリエンテーション文書の要旨は次の通りです。

- 弊社は、独自の小型モーター技術によって、マッサージ器具製造会社や電動ベッド製造会社などへのOEM供給を手がけ急成長を遂げたが、この度、B to C（消費者市場）に進出したい。
- その際、どのような分野に進出し、新商品を開発し、どのような事業に育て上げたらいいかのグランドデザインを提案していただきたい。

企画の ポイント	● 最初に自社資源の検証と世の中のトレンドとの擦り合わせ ● 自社資源の拠り所を、高性能モーターの製作技術に求めた ● 世の中のトレンドとして、「モノからコトへ」に注目 ● まず進出分野を決め、次に戦略を説明するという論旨展開 ● 最終的に、ホリスティックブランドの提案に結び付けた

〇〇株式会社 御中　　　　　　　　　　202×年〇月 × 日
　　　　　　　　　　　　　　　　　　　　　　　　　　R 社

新商品開発に関するご提案のお願い

弊社は、独自の小型モーター技術によって、マッサージ器具製
造会社や電動ベッド製造会社などへの OEM 供給を手がけ急成
長を遂げたが、この度 B to C（消費者市場）に進出したい。

その際、どのような分野に進出し、新商品を開発し、どのよう
な事業に育て上げたらいいかのグランドデザインを提案してい
ただきたい。

　　　　　　　　　　　　　　　　　　　　　　　　　以上

8 - 29 範例③「R社の新商品開発」の企画書
現状分析を考えるにあたって

　最初に現状分析のパートでの考え方のプロセスを、会話形式で整理してみます。

- 「まずは進出分野の特定をしなければならない。モーターを使った製品市場はそれこそ千差万別あり、それらを一つひとつ検証している時間はない。それより、**これまでOEM供給した市場の延長で考えていくのが最も近道だ**」

- 「その分野とは、マッサージチェアや電動ベッドなどの健康（ヘルスケア）分野であり、60代以上が人口の3分の1以上になる未曽有の少子高齢化が進展する日本では、今後伸びが期待できる市場だ」

- 「調べたら、**スリープ・テック**※**市場は潜在需要が大きく、参入企業もこれからのブルーオーシャン市場のようです。ここに進出するのはどうでしょう**」

  ※スリープ・テック市場とは、質の良い睡眠をテクノロジーで向上させるビジネスモデル市場。

- 「うん、いいね」

- 「次に、どういう新商品を開発するかだが、R社はこれまでB to Bで戦ってきたので、消費者ニーズの分析は不得手だ。翻って、我々はここのノウハウがあるのでそれをアピールしよう」

- 「開発の視点の一つは、**消費者の価値基準が大きく"モノからコトへ"に移**っていることだ。ここの意味を掘り下げ、**新商品コンセプトの骨格をつく**ろう」

- 「また、現参入企業とどう差別化するかだが、どの企業も、ベッド、枕、睡

眠アプリなどを単発で事業展開している。ここにチャンスがあるのではないか？　つまり、"モノからコトへ"の流れもあるように、**ホリスティックに支援するような仕組みをつくるのが差別化のカギだ**」

〈 チームの会話の様子 〉

A：「まずは進出分野の特定だ」

B：「これまで OEM 供給した市場の延長が最も近道では？」

C：「ヘルスケア分野が日本では今後伸びが期待できる市場だ」

D：「スリープ・テック市場は潜在需要が大きいらしいです」

C：「R 社は消費者分析の部分は不得手だ。ここを補強しよう」

A：「開発の視点は、『モノからコトへ』だ。ここから、新商品コンセプトをつくろう」

D：「ホリスティックに支援するような仕組みをつくるのがいいのでは？

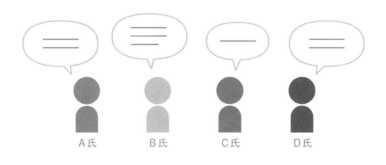

A氏　　　B氏　　　C氏　　　D氏

8 - 30
範例③「R社の新商品開発」の企画書
戦略を考えるにあたって

ここでは、どのように戦略を構築していったかを、会話方式で解説します。

- 「この企画書は、まず参入市場の決定、その次に新商品の提案という順番になる。なので、**2段構えで論を展開していこう**」

- 「1段階目のスリープ市場への参入は、①市場の有望性、②参入障壁の低さ、から比較的容易に論を展開できるだろう。重点は2段階目の戦略だ」

- 「戦略の立脚点だが**消費者がモノからコトへと価値基準を変えていることを
データで説得しよう**。アフター60[1]の睡眠調査の結果はどうだった？」
  ※1　60代以上の意味。

- 「はい、多くの発見がありましたが、中でも**"一晩中眠り続けたいという欲
求"**と**"眠りの質を良くしたいという欲求"が大きなインサイト**[2]です」
  ※2　インサイトとは潜在意識を明示化したもの。

- 「そうか、では新商品・新サービスで、**睡眠の快空間、快時間をつくるという考え方をコンセプトに仕立てよう**」

- 「その上で**コトの意味を"消費者が快適に眠れる空間と時間の提供"と解釈し
それに基づいたプロダクトやサービスを開発するという考え方でいこう」

- 「つまり、"睡眠をホリスティックに支援する"を課題に設定して、**"快適な
睡眠の時間と空間をつくるブランドの構築"を戦略にしよう**」

- 「ロジック3点セットにするとこうなりますね（次頁の上図参照）」

- 「【快睡眠時空】というブランド名はどうですか？」

〈 ロジック 3 点セットの組立図 〉

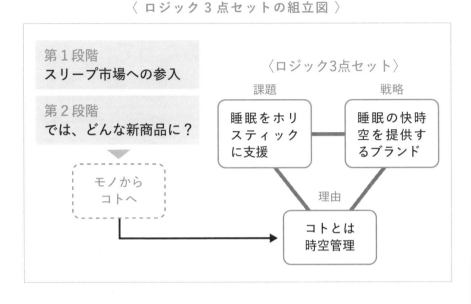

〈 チームの会話の様子 〉

A：「この企画書は、参入市場と新商品提案の 2 段構えが
　　必要だな」

B：「1 段階目のスリープ市場への参入は、比較的容易に
　　説得できるだろう」

A：「戦略だが、まず消費者がモノからコトへと価値基準
　　を変えていることを睡眠調査を使って説得しよう」

D：「睡眠調査では、持続的な眠りと眠りの質を良くしたい
　　という生活者のインサイトが発見できました」

A：「では、課題を睡眠をホリスティックに支援するに設定
　　して、快適な睡眠の時間と空間をつくるブランドの構築
　　を戦略にしよう」

C：「ブランド名は『快睡眠時空』でどうでしょう？」

8 - 31　範例③「R社の新商品開発」の企画書
施策を考えるにあたって

　次に、戦略に基づいた施策部分をどう整理したかを会話形式で解説します。

- 「戦略の骨子が、快適な睡眠の空間と時間の提供なので、**それを具現化するプロダクトをまず考えよう**」

- 「一つは、**電動ベッド**だ。専門家にヒアリングしたところ、**質の良い眠りには、睡眠時の適度な寝返りが大事**だそうだ。センサーが自動的に寝返りのタイミングを感知して、それを支援するプロダクトの開発を提案しよう」

- 「もう一つは、**電動枕**ですね。**調査から枕に悩む人は非常に多いことがわか**りました。一番重要なのは角度だとのこと。これも電動式にしてセンサーで最適な角度をキープするプロダクトを提案しましょう」

- 「質の高い睡眠をコンサルする『**快睡眠コンシェルジュ**』というアプリを開発するのはどうか。毎日の眠りの質を自動記録し、プロダクトと連動させて快睡眠を支援する、というように」

- 「さらに、【快睡眠時空】という限りは、**寝入りばなをサポートする装備満載のベッドサイドラックはどうか。読書灯、アロマディフューザー、タブレットスタンドを装備するんだ**。これはさすがに、R社だけでは無理だから、弊社のネットワークで○○施工さんに話を持ち掛けて、タイアップさせよう。○○施工さんの全国のショールームも活用できる」

- 「このような組合せにすれば、今までにない画期的なスリープ・テックの新ブランドが立ち上げられるはずだ」

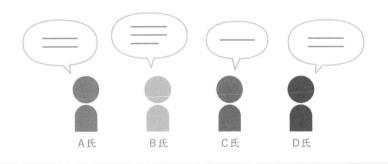

A：「新商品の一つに電動ベッドはどうだろう？
　　センサーが寝返りのタイミングを感知して自動的に
　　動くという…」

B：「もう一つは、電動枕ですね。姿勢が変化しても常に
　　最適な角度を担保するような…」

C：「質の高い睡眠をコンサルするアプリを開発するのは
　　どうでしょうか」

D：「寝入りばなを快適にする装備付のベッドサイドラックは
　　どうでしょう？」

C：「さすがにR社だけでは無理なので、○○施工さんに
　　タイアップさせよう」

A：「これで、今までにない画期的なスリープ・テックの
　　新ブランドが立上げられるな」

A氏　　B氏　　C氏　　D氏

8 - 32　範例③「R社の新商品開発」の企画書
出来上がったリボンフレーム

今までの論旨をリボンフレームに整理すると、次頁の図のようになります。

左側の現状分析は、

◆B to C 初進出 ➡ 消費者インサイト分析がカギ

◆小型モーター技術あり ➡ OEM で培ったどんな用途にも適用できる技術あり

◆健康シンドローム ➡ 60 代以上が 3 分の 1 以上を占めるビッグマーケット

◆スリープ・テックに注目喚起 ➡ 調査で皆悩んでいることが判明

◆どこも単品で展開、テックの部分はこれから ➡ まだブルーオーシャン市場

◆どこも単品で展開、テックの部分はこれから→まだブルーオーシャン市場

　と整理し、この段階で「スリープ・テック市場が有力で、そこに参入する」と規定します。

次に、ロジック3点セットですが、上記を前提として、その課題とは何かを考えました。それはターゲットとそのインサイトを捉えた新しい商品やサービスの開発だろうということで、「アフター 60 に、睡眠をホリスティックに支援するブランドの構築」としました。

そして戦略は、「【快睡眠時空】ブランドの立ち上げ」とし、その理由は「ターゲットはトータルな眠りの快適な時間と空間を求めている」としました。

最後に施策ですが、3つのポイントに整理しました。

　1つ目は、快時間というコンセプトを具現化するプロダクトとして、電動ベッドと電動枕の開発、それを AI による最適角度支援機能付きとします。

　2つ目は、快空間を具現化するプロダクトとして、読書灯、アロマディフューザー、タブレットスタンド付きのベッドサイドラックを開発します。これは○○施工とのタイアップで協力してもらいます。また、彼らのショールームを活用することも提案します。

3つ目は、快睡眠コンシェルジュで、上記プロダクトを連動させたコンサルティングできるアプリを開発します。

〈 出来上がったリボンフレーム 〉

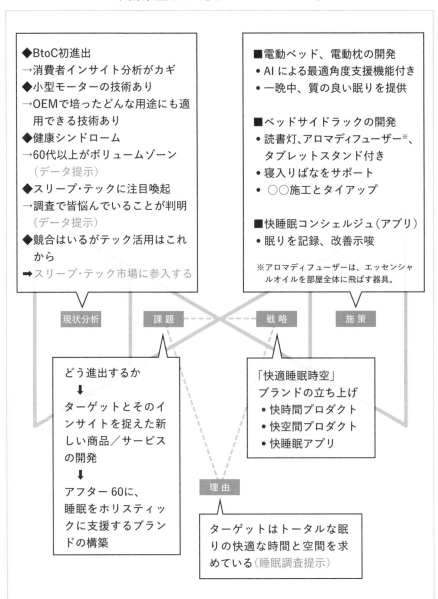

8−33 範例③「R社の新商品開発」の企画書
表紙

R社 御中

新商品開発のご提案

20××年
○○株式会社

ここからは出来上がった企画書をプレゼン原稿と共にご紹介します。

プレゼン原稿

- ○○株式会社御社担当の××でございます。
- 今回は、大型プロジェクトに参画の機会を与えていただき、誠にありがとうございます。
- このプロジェクトの成功のため、弊社も一丸となって本企画を練ってまいりました。
- 本日はご提案内容をコンパクトにまとめ、プレゼンさせていただきますのでよろしくお願い申し上げます。

8 - 34　範例③「R社の新商品開発」の企画書
オリエンの確認

---

1. オリエンテーションの確認　　　　　1

- 弊社は、独自の小型モーター技術によって、マッサージ器具製造会社や電動ベッド製造会社などへのOEM供給を手がけ、急成長を遂げたが、この度、B to C（消費者市場）に進出したい。

- その際、どのような分野に進出し、どのような新商品を開発し、どのような事業に育て上げたら良いかのグランドデザインを提案していただきたい。

【プレゼン原稿】

- まずは、オリエンテーションの確認でございます。
- 簡潔に整理されておりましたので、そのまま読み上げさせていただきます。
- 弊社は、独自の小型モーター技術によって、マッサージ器具製造会社や電動ベッド製造会社などへの OEM 供給を手がけ急成長を遂げたが、この度 B to C（消費者市場）に進出したい。
- その際、どのような分野に進出し、どのような新商品を開発し、どのような事業に育て上げたら良いかのグランドデザインを提案していただきたい。
- ということでした。以上を起点といたしまして、企画作業を開始いたしました。

8-35　範例③「R社の新商品開発」の企画書
現状分析（市場環境分析）①

2-1. 市場環境分析①　　　　2

企画推進のポイントは

■ターゲットの生活行動、インサイトの検証
- 御社にとって、B to C市場への初参入
- 数多い消費者と狙うべきターゲットの生活行動や意識の検証が大事

■成長市場×御社資産の活用
- 今後成長が見込まれる市場であり、かつ御社の技術や知見が活かせる分野をセレクト

■小型モーター技術あり
- OEMで培ったどんな用途にも適用できる技術あり

プレゼン原稿

- 最初に市場環境分析でございます。
- まず、心しておかなければならないのは、御社が BtoC 市場への初参入ということでございます。BtoB との違いは、数多い消費者と狙うべきターゲットの生活行動と意識をしっかり調べなければならないということです。
- これに関しては、後ほど弊社で独自に実施した消費者調査なども活用しております。
- 次に、消費者市場参入といっても、実に幅広いジャンルがございます
- 今回我々が留意したのは、今後成長が見込まれる市場はもちろんですが、その中でも御社の技術や知見が活かせる分野をセレクトしていったということでございます。
- それは言うまでもなく、御社が OEM で培ったどんな用途にも適用できる小型モーター技術です。

範例③「R社の新商品開発」の企画書
現状分析（市場環境分析）②

2-2. 市場環境分析②
3

市場の絞り込み視点

ヘルスケア意識の高まり

- 「健康寿命に留意する」と答えた人の割合は年々上昇
- 特に2020年はコロナ禍で、88%と大幅上昇

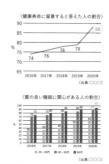

〈健康寿命に留意すると答えた人の割合〉

睡眠市場への関心の高まり

- 「質の良い睡眠」に関し、毎年関心者が増加
- 2020年は40、50代が90%、60代以上が95%に

〈質の良い睡眠に関心がある人の割合〉

スリープ・テック※市場が勃興

- 寝具会社、サプリ会社、アプリ会社など数社が進出もまだ本格的に手をつけられていないブルーオーシャン市場

※質の良い睡眠をテクノロジーで向上させるビジネスモデル市場

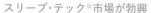

プレゼン原稿

- では、どの市場に絞り込んだのかご説明します。
- 我が国はご承知の通り、未曽有の少子高齢化先進国でございます。
- 例えば、「健康寿命に留意する」と答えた人の割合は、年々上昇し、特に2020年はコロナ禍で一段と上昇し、ヘルスケア意識はかつてない高まりを見せております。ここに大きな市場機会があるのは言うまでもありません。
- その中でも我々は睡眠市場に注目しました。なぜかと言うと、このグラフを見ていただければおわかりのように、「質の良い睡眠」に関し、40代以上を中心に毎年関心者が増えているからです。
- その流れの中、スリープ・テック市場が勃興しております。「スリープ・テック」とは、質の良い睡眠をテクノロジーで向上させるビジネスモデル市場のことです。
- すでに、寝具会社、サプリ会社、アプリ会社など数社が進出しておりますが、まだまだ本格的に手をつけられていないブルーオーシャン市場と言えます。

8-37 範例③「R社の新商品開発」の企画書
進出分野

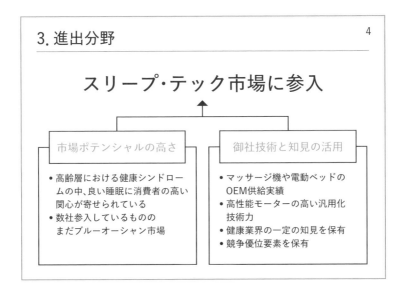

- そこで、我々がご提案する市場は、このスリープ・テック市場への参入です。
- 参入根拠を整理いたしますと、まずは市場ポテンシャルの高さです。高齢層における健康シンドロームの中、良い睡眠市場に消費者の高い関心が寄せられていること。また、数社参入しているもののまだブルーオーシャン市場であることです。
- もう一方の観点は、御社には、マッサージ機や電動ベッドなどのOEM供給を通じて、高性能モーターを核にした高い汎用化技術力と健康業界の一定の知見をすでに持っていることです。つまり、他社より競争優位に立てる要素を持っているということです。

8 - 38　範例③「R社の新商品開発」の企画書
課題の考え方

---

4. 課題の考え方　　　　　　　　　　　5

この市場にどのような視点で商品開発するか
　→消費者インサイトの探求と適切な課題の設定が大事

◆「モノからコトへ」
- 市場にはすでにモノが溢れており、モノの所有や消費を促すだけのマーケティングはもはや通用しない
- コトとは消費者の生活様式や価値観から生まれる喜びや満足。プロダクトの送り手はそこから発想していくべき

◆「ホリスティックなサポート」
- すなわち、プロダクト単独発想ではなく、サービスも絡めたホリスティックなサポートを構築していく視点が求められる

◆「アフター60」をメインターゲットに据える
- 睡眠関心層は、40代以上から高いが、特にライフスタイルの転換期を迎え、残りの人生をいかに健康に過ごすかを真剣に考える60代以上をメインターゲットにする
- 人口的にも日本の人口の3分の1（33.6%）を占め、ボリュームは十分

プレゼン原稿

- 次にこの市場にどのような視点で商品開発するかの考え方についてご説明します。
- 有力な視点は、やはり消費者のインサイト（潜在意識）をしっかり探索することです。そこから適切な課題を設定し、それを達成する商品戦略を考えることです。
- まず、消費者インサイトの大きな流れとして、「モノからコトへ」がございます。ご存知の言葉と思いますが、市場にはすでにモノが溢れており、モノの所有や消費を促すだけのマーケティングが通用しなくなってきています。
- このような環境下で大事なのは、コトの分析です。コトとは消費者の生活様式や価値観から生まれる喜びや満足からなります。プロダクトの送り手はそこから発想していくことが重要で、プロダクト単独発想ではなく、そこにサービスも絡めたホリスティックなサポートを構築していく視点が求められます。
- また、ターゲットですが、アフター60、すなわち60歳以上がメインターゲットです。睡眠関心層は、40代以上から高いですが、特に60代以上はライフスタイルの転換期を迎え、残りの人生をいかに健康に過ごすかを真剣に考えるからです。
- 同層は人口的にも、もはや日本の人口の3分の1（33.6%）を占め、ボリュームは十分です。

8-39 範例③「R社の新商品開発」の企画書
課題

> ### 5. 課題　　　　　　　　　　　　　6
>
> すなわち、商品開発の課題は
>
> ### アフター 60に
> ### 睡眠をホリスティックに支援する
> ### ブランドの構築

プレゼン原稿

● つまり、商品開発の課題はアフター 60、すなわち 60 歳以上の睡眠に対する潜在ニーズを捉え、それをホリスティックに支援するブランドをいかに構築するかということです。

8 − 40　範例③「R社の新商品開発」の企画書
戦略の考え方

---

6. 戦略の考え方　　　　　　　　　　　　7

どのようなブランドを構築すべきか
- そのためには、睡眠に関する消費者インサイトをしっかり押さえる
- 60代以上の消費者100人に対して、睡眠に関する生声調査を実施

〈睡眠調査からのファインディングス〉

第1の発見：「ずっと寝入りたい」という欲求
寝つきが悪い、途中で起きてしまうなど
実に90%の人が悩んでいる

第2の発見：「眠りの質を良くしたい」という欲求
例えば、「寝る態勢に悩む」、「枕が合わない」
と訴えた人が51%と過半数でした。

※ファインディングスとは発見のこと。

**この大きな悩みを解消し、
ホリスティックにサポートするブランドの開発**

プレゼン原稿

- では、どのようなブランドを構築すべきでしょうか。
- そのためには、睡眠に関する消費者のインサイトをしっかり押さえることです。
- そこで我々は、60代以上の消費者100人に対して、睡眠に関する生声調査を実施しました。生声とは、オープンアンサーで答えてもらうことで、その奥にあるインサイトを探れるという調査です。
- 結果をかいつまんで言いますと、第1に「ずっと寝入りたい」という欲求の存在です。寝つきが悪い、途中で起きてしまうなど、実に90%の人が悩んでいます。
- 第2に「眠りの質を良くしたい」という欲求です。例えば、「寝る態勢に悩む」、「枕が合わない」と訴えた人が51%と過半数でした。
- 従って、この大きな悩みを解消し、ホリスティックにサポートするブランドの開発が戦略の考え方になります。

8 − 41　範例③「R社の新商品開発」の企画書
戦略

---

7. 戦略 8

「快適睡眠時空」ブランドを立ち上げ
トータルで質の良い眠りをサポートするこれまでにないブランド

- 調査から、「快適な眠りを持続したい」、「眠りの質を良くしたい」という
  消費者インサイトを発見
- それらをホリスティックに解決する商品ライン、サービスを
  一つのブランドにして立ち上げる

◇**眠りの快時間**：AI 電動ベッドと AI 電動枕の開発・導入

◇**寝入りばなの快空間**：新発想のベッドサイドラックで
　　　　　　　　　　　寝入りばなを支援

◇**快睡眠コンシェルジュ**：常時眠りの質を記録し、
　　　　　　　　　　　　アドバイスするアプリを開発

プレゼン原稿

- そこで、戦略ですが、「快適睡眠時空」ブランドの立ち上げを提案します。
- トータルで質の良い眠りをサポートするこれまでにないブランドです。
- 調査から、消費者は快適な眠りを持続したい、眠りの質を良くしたいというインサイトを発見しました。
- そこで、それらを解決する商品ライン、サービスを一つのブランドにして立ち上げます。
- 具体的な商品、サービスラインは 3 つからなります。
- 「眠りの快時間」では、AI 電動ベッドと AI 電動枕の開発・導入をします。
- 「寝入りばなの快空間」では、新発想のベッドサイドラックで寝入りばなを支援します。
- そして、「快睡眠コンシェルジュ」では、常時眠りの質を記録してアドバイスするアプリを開発します。

8 - 42 範例③「R社の新商品開発」の企画書
施策①

---

8 - 1. 施策①　　　　9

◇眠りの快時間

AI 電動ベッド、AI 電動枕の開発

- 専門家ヒアリングによると、快眠・安眠の重要なポイントは2つ
  ①適度な寝返り
  ②首の角度
- 電動ベッドは、寝返り促進機能付き。AIで寝返りを打つべきタイミングに
  自動的に角度をつけ寝返りサポート
- 電動枕は、AIによって、顔の向きで首の角度を最適に保持する機能を設定

〈電動ベッド〉　　　　　　　〈電動枕〉

プレゼン原稿

- では施策案です。
- 「眠りの快時間」プロダクトとして、AI 電動ベッドと AI 電動枕を開発、販売します。
- 快眠・安眠の重要なポイントは専門家ヒアリングで、一つは適度な寝返り、もう一つは首の角度ということです。
- そこで、ベッドでは、センサーで寝返りを打つべきタイミングに自動的に角度をつけ寝返りを促進する機能を設置します。これによって、いつでも自然に寝返りができるようになり安眠を担保します。
- 一方、枕では、同じくセンサーによって、顔の向きで首の角度を最適に保持する機能を設けます。
- この 2 つのスリープ・テック・プロダクトによって、これまでにない質の良い睡眠を得ることができます。

8-43 範例③「R社の新商品開発」の企画書
施策②

8-2. 施策②　　　　　　　　　　　　10

◇寝入りばなの快空間　　　　　　〈ベッドサイドラック〉

特製ベッドサイドラック

- 読書灯
- アロマディフューザー
- タブレットスタンド

○○施工とタイアップ

- 共同開発またはOEM
- 全国ショールームの活用

プレゼン原稿

- 次に、「寝入りばなの快空間」プロダクトとして、新発想のベッドサイドラックを開発します。
- これは、読書灯、アロマディフューザー、タブレットスタンド付きで寝入りばなを支援するというものです。
- 睡眠調査からもう一つわかったことは、寝る前に最近ではスマホやタブレットを見ている人が多いということです。
- 寝入りばなにはそれを移動させたりする手間が発生します。そこで、それを支援する機能も付けました。
- これは、弊社のお客様でもある○○施工さんとタイアップし、共同開発ないしは、OEMをしていただきます。
- ○○施工さんには、守秘義務付きで話を進めており、もしプロジェクトが決まったら協力する快諾を得ております。
- また、その場合、○○施工さんの全国ショールームを活用できる見通しとなっております。

8 - 44　範例③「R社の新商品開発」の企画書
施策③

8-3. 施策③

11

◇快睡眠コンシェルジュ

- 眠りの質を可視化し記録
- AIが改善アドバイス
- アプリ開発会社を探索中

〈睡眠アプリのイメージ〉

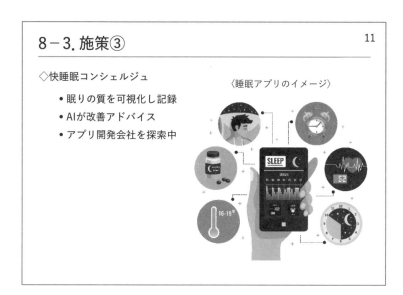

プレゼン原稿

- 3つ目は、「快睡眠コンシェルジュ」というサービスの導入です。
- すなわち、眠りの質を可視化して記録し、AIがアドバイスするアプリを開発します。
- 具体的には、常時、顧客の睡眠時のカラダの動きと眠りの深さを感知して、眠りの質の評価と今後のアドバイスをします。
- 現在、いくつかのアプリ開発の会社をあたっております。

8 - 45 範例③資料
睡眠実態生声調査

資料. 睡眠実態生声調査　　　12

今回、我々はアフター60の睡眠実態生声調査を実施しました。
睡眠は人間の一生の3分の1を占める重要な時間。シニアになると
その悩みも深くなります。そのインサイトを探索します。

■調査目的
- アフター60（60歳以降の日本人シニア男女）の睡眠や寝室・寝具に関する悩みを
  抽出し、また、それに対し、日頃どのように対処しているか、その悩みを解消する
  あって欲しい商品やサービスの内容を引き出す。

■調査概要
- 日時：20XX年11月25日~12月5日
- サンプル条件：60～74歳の男女
- 地域：東京30km圏、関西圏
- サンプル数：100S
- 手法：パネルによるインターネット調査
- 実査機関：東京○○リサーチ

プレゼン原稿

〈資料の解説〉
- 今回我々は、60歳以降の方の睡眠実態生声調査を実施しました。
- 調査目的ですが、シニアの方の睡眠や寝室・寝具に対する悩みを抽出し、また、それに対して日頃どのように対処しているか、その悩みを解消する「あって欲しい」商品やサービスの内容を引き出すものです。

8-46 範例③資料
調査からのファインディングス①

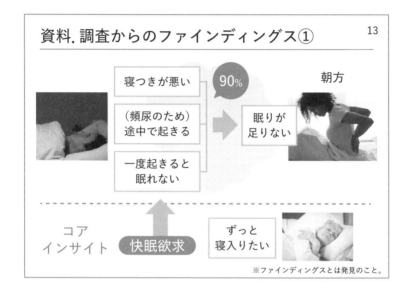

資料. 調査からのファインディングス①　　13

寝つきが悪い

（頻尿のため）途中で起きる

一度起きると眠れない

90%

朝方

眠りが足りない

コアインサイト　←　快眠欲求

ずっと寝入りたい

※ファインディングスとは発見のこと。

プレゼン原稿

〈資料の解説〉

● 回答者の 90％ が「眠りたいのに眠れない」との言及がありました。
　その 7 割は、「頻尿のため途中で起きる」、その結果「一度起きると眠れない」という不快不満現象として表れており、また 3 割は、「寝つきが悪い」ことを挙げていました。この奥底にあるのは、「快眠欲求」というインサイトです。

● これは根源的な欲求で、では、どう対策を講じているかと言うと、睡眠薬などの薬で対処やお医者さんに相談するなどが最も多く、その手前でどんな有効な対策があるか決め手がない状況がわかりました。

8 − 47　範例③資料
調査からのファインディングス②

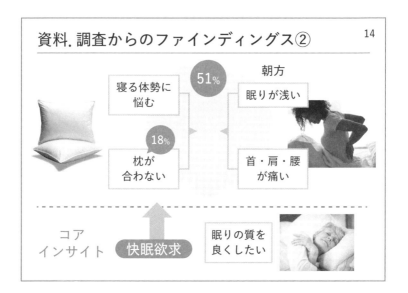

資料. 調査からのファインディングス②　14

プレゼン原稿

〈資料の解説〉

● 次に、寝具や寝方（寝る体勢）に悩んでいる人が、全体の５割おり、特に意外だったのは、「枕が合わない」と答えた人が、全体の２割もいたことです。
その結果、「朝に、首、肩、腰が痛い」などの不快症状に悩んでいるという声が多く上がっています。

● これも、奥底にあるのは、いかに快適に眠るかという「快眠欲求」です。

8 – 48　範例④「新興国への新車X導入」の企画書
ポイントとオリエンテーション

■ 企画のポイント

　日本のグローバル自動車企業が世界で行っているプレゼン企画書の事例です。企画書のポイントは次の通りです。

- **市場セグメント発想**※
  市場をどう切り取り、どのセグメントを狙うか
- **ターゲット洞察**
  ターゲット・プロファイルはどう記述されるか
  ターゲット・インサイトは何か
- **ブランド構築**
  クルマブランドとターゲットとの結節点（結び付くポイント）からブランドをどう規定するか
  （通常「車種規定」として提案します）
- **キャンペーン発想**
  ターゲットの共感を得るコンセプトをどう設定し、どう活動を統合するか

※自動車の場合は、ターゲットが幅広く、かつ耐久消費財なので、市場全体でNo.1になるより、市場やターゲットのどこを取るかという発想になります。

■ オリエンテーション

　オリエンテーションの要旨は次の通りです。

- 新興国Mは今後非常にポテンシャル高い市場であり、そこに最新型SUV、新車Xを導入する
- 月間×千台、シェア10%と極めて高い目標
- M国に根づくブランド戦略を提案して欲しい
- ブランド管理のKPI指標も教えて欲しい

<table>
<tr><td>企画の
ポイント</td><td>● 市場セグメント発想（どこに市場があるか）
● ターゲット洞察（ターゲットは誰か）
● ブランド構築（どうブランディングするか）
● キャンペーン発想（どう統合化した活動をするか）</td></tr>
</table>

株式会社○○ 御中　　　　　　　　　　20××年○月△日
　　　　　　　　　　　　　　　　　　　日系自動車会社

新車 X の導入戦略に関するご提案のお願い

新興国 M は、自動車メーカーにとって、地球上で残され
た市場の中で非常にポテンシャルの高い国である。
しかるに、弊社は本格的なローカルでの生産体制の構築に
時間を要し、長らく地元の自動車メーカーに後塵を拝して
きた。
この度、ようやく弊社独自のプラットフォームのもと、最
新型の SUV である X を導入できる運びとなった。本社の
熱い期待もある。
工場の供給体制も整い、販売目標は、月 × 千台、シェア
10％ と極めて高い。
ついては、どのように市場導入を図るか最適な戦略を提案
して欲しい。
同時に、短期でなく、中長期に M 国に根づくブランドの
構築を考えて欲しい。
また、その際、中長期にブランドを管理する KPI 指標も教
えていただきたい。

8-49 範例④「新興国への新車X導入」の企画書
現状分析を考えるにあたって①

　クルマのマーケティングの場合、バリューチェーンのすそ野が広いので、考えなければならない要素が幅広いですが、ここでも通常、３C分析（市場とターゲットカスタマー、競合、自社）を使います。

　それぞれ、以下の観点からくまなく分析していきます。

①市場競合

- 市場規模、時系列トレンド、カテゴリー別
- 競合ブランド、台数、シェア、価格帯、バリューチェーン、ブランディング、広告・販促活動
- 新代増分析※

※新車（new）代車（replace）増車（additional）の比率のこと。これにより市場の成熟度を分析します。

②自社

- 新車Xの客観的評価：スペック、基本性能、アウター、内装、価格帯
  （上記のプロダクト・データは共有される場合が多いです）
- 開発段階での消費者調査
- コーポレート・ブランド浸透度

③ターゲット分析

- クラスター（同種の集団）、インサイト（価値観、クルマの位置付け）、タッチポイント（メディア等接触データ）

④社会トレンド

- 社会動向、クルマの価値、消費者ニーズの行方など

　ここで、クライアントが期待するのは、特に③の部分です。**メーカーとしても独自の消費者データや分析を持っていますが、自動車回りに偏っていることが多く、提案元に消費者に関する幅広い視野からの分析と深い洞察を期待するからです。**

8－50

範例④「新興国への新車X導入」の企画書
現状分析を考えるにあたって②

ここから企画チームの思考プロセスを会話形式で見てみましょう。

- 「まず市場だが、M国では確かにSUV市場が前年比120％の勢いで伸びている。その中で、ローカルブランドQのシェアは20％あり、年々上昇傾向だ」

- 「Qの強みは、VFM（バリューフォーマネー）。販売体制も強く、会社名は地元民に根づいている」

- 「一方、新車Xは性能ではQに勝っており、かつ日系の品質を担保しながら、最先端のスタイリングに優位性がある。このどのポイントをどのターゲットに訴求すればシェア10％を達成できるか、がカギだ」

- 「そのためには、**ターゲットのクラスター分析とインサイト分析をして作業を進めよう**」

- （同分析結果を受けて）「クラスター分析の結果、SUV市場のターゲットは5分類です。その中で、**競合Qは、第3象限**（Value for Money × For Family）の**C1というターゲット・セグメントで最も大きいゾーンを取っ**ています。ここにまともにポジショニングしても、現行Qのブランド力から見て勝てないでしょう」

- 「一方、**第1象限**（Emotional Purchase × Seif-fulfilment）は次に大きいセグメントC2が存在する。その中、競合は**外資aと外資bが頑張っている**が、**販売力がないからシェアはまだ微々たるものだ**。なので、ここにXをポジショニングするのが最有力ではないか。これを課題仮説として作業をさらに進めよう」

A：「ターゲットのクラスター分析はどうだった？」

B：「ターゲットは 5 分類です。最大セグメントは、C1。第3象限（Value for Money × For Family）に位置し、全体の40％を占めています。そこを Q がしっかり取っています」

C：「ここにまともにポジショニングしても、勝てないだろうな」

D：「C2は、第1象限（Emotional Purchase×Seif-fulfilment）で全体の25％を占め、次に大きいセグメントです」

C：「その中、外資 a や外資 b が頑張っているが、販売力がないからシェアは微々たるものです」

A：「ここにXをポジショニングするのが最有力ではないでしょうか」

D：「よし、これを課題仮説として作業を進めよう」

〈 クラスター分析結果 〉

8-51

範例④「新興国への新車X導入」の企画書
戦略を考えるにあたって

ここでも、やはり会話方式で解説します。

- 「新興国Mは、若年層の割合が高く、最も活力のある国の一つだ。今世界はデジタル革命で大きく変わりつつあり、この国でも個人のスキルを磨き、一攫千金を狙おうという起業家精神溢れる中間層が勃興しており、今後も増えてくるだろう」

- 「また、新代増構造※から見ると、新規が7割を占める。彼らにとって、クルマはまだステータス・シンボル、憧れの存在だ」
  ※320頁参照

- 「デプスインタビューで、ターゲットのインサイトを探ってみたが、C1が保守的でファミリー志向なのに対し、C2は人生をチャレンジと捉えており、家族も大事だが、それよりビジネスによる自己実現を目指す連中だ。従って、クルマに自己実現や成功の象徴などのエモーショナル・ベネフィットを求めるセグメントだ。なので、新車Xの受容層を考えると、今回の課題は、C2ターゲットの攻略において間違いなさそうだ」

- 「となると、新車Xのブランド・コンセプト、つまり車種規定は、C2のターゲット・インサイトとプロダクトとの結節点（結びつくポイント）に置くとするとどうなるかな？」

- 「C2は新しいM国をつくる担い手ですから、『新世代SUV』というのはどうでしょうか？」

- 「うん、彼らの誇りになるクルマとして永続性のあるコンセプトだからいいね！」

- 「で、キャンペーン・コンセプトだが……」

- 「Ｃ２は、『高い自己実現志向』という特徴があり、そんな彼らの共感を得るものですね」

- 「新車Ｘにはセダンとは異なるSUVの特徴、つまり、高い視野の座席で運転するというベネフィットがある。しかも、スタイリッシュという魅せる部分もある。これをＣ２の『高い志』とシンクロさせて、【Higher Vision】というキャンペーン・コンセプトはどうでしょうか？」

- 「いいね！」

〈 チームの会話の様子 〉

Ａ：「デプスインタビューはどうだった？」

Ｂ：「Ｃ２は人生をチャレンジと捉えており、自己実現志向が高い連中です。クルマにも成功の象徴としてのステータスを求めています」

Ｃ：「では、ブランド・コンセプトは、新世代 SUV というのはどうでしょう」

Ａ：「いいね、新しい国の担い手にふさわしいクルマとして永続性のあるコンセプトだ」

Ｄ：「キャンペーン・コンセプトは？」

Ｂ：「Ｃ２は、『常に高い志を持つ』というインサイトがあり、Ｘには SUV 独自の高い視座の座席があるということで、『Higher Vision』はどうでしょう？」

Ａ：「いいね！」

〈 デプスインタビューの結果 〉

クラスター	インサイト
C 1	家族が第一 ・安定した職業について、子供の教育に熱心 ・クルマはステータスだが、家族と乗れる実用性重視
C 2	自己実現重視 ・家族が大事だが、ビジネスで成功志向が強い ・クルマはステータスで、自分を表現する手段
C 3	大家族志向 ・親を敬い、堅実に暮らすのを良しとする ・クルマは大家族が乗れる利便性重視

8 – 52 範例④「新興国への新車X導入」の企画書
施策を考えるにあたって

次に、戦略に基づいた施策部分をどう整理したかを会話形式で解説します。

- 「キャンペーン・コンセプトは【Higher Vision 〜一段高い世界へ〜】に決まったね」

- 「その背景は、この国に起業化精神が芽生えていて、数々のスタートアップが勃興し、それが新しい時代の憧れのロールモデルになりつつあるということがある。だから、**施策の骨を"Start-up Story"にしてキャンペーンを組んでいったらどうだろう。**その傘の中でクリエイティブを開発し、色々な販促施策を講じていったらいい」

- 「クリエイティブは、"起業家の一日"というテーマで展開していくのはどうでしょう？」

- 「いいね」

- 「そして、メディアですが、**ターゲットはデジタルネイティブなので、**やはりデジタルメディアの接触率は非常に高いです」

- 「しかし**一方で、タッチポイント調査によると、クルマを選ぶ時に参考にするメディアとして、TVや新聞の接触率も依然高い**とあるんです」

- 「だったら、TVと新聞でリーチ90％以上を目標にしてまず予算を配分し、残りをデジタルメディアに投入というのはいかがでしょう？」

- 「施策なんですが、スタートアップを主人公とした**ＴＶ番組企画**も面白いの

ではないでしょうか？」

- 「うん、そうだね。**販促施策も、実際のスタートアップ企業とタイアップして、連続試乗会を開催する**というのはどうか？」

- 「**彼らを軸に、SNSを使った友達紹介作戦を展開する**というのはどうしょうか？」

- 「いいね！」

〈 チームの会話の様子 〉

A：「スタートアップがターゲットのロールモデルなのだから、施策の骨を「Start-up Story」にしてキャンペーンを組んでいこう」

B：「では、「起業家の一日」というテーマでクリエイティブ展開していったらどうだろう？」

C：「メディアは、TVと新聞でリーチ90%以上を目標予算配分、残りはデジタルメディアに投入しよう」

D：「販促施策も、実際のスタートアップ企業とタイアップ、連続試乗会の開催というのはどうか？」

C：「彼らのSNSでの友達紹介作戦を展開しよう」

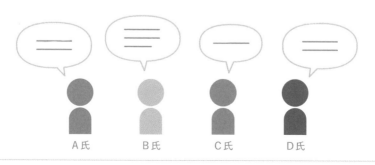

A氏　　　B氏　　　C氏　　　D氏

第8章

4つの企画書範例 〜プレゼン原稿のレクチャー〜

327

8 − 53

範例④「新興国への新車X導入」の企画書
出来上がったリボンフレーム

　今までの論旨をリボンフレームに整理すると、次頁の図のようになります。

　左側の現状分析は、３Ｃ分析＋社会トレンドの観点から簡潔に整理しました。順番に次の通りになります。

◆市場競合分析………SUV市場の伸び、ローカルブランドＱのシェア拡大

◆新車Ｘの評価………スペック優位、スタイリッシュ、グローバル定評、価格帯高め

◆社会トレンド………DX化、働き方改革、スタートアップ勃興、クルマは依然ステータス・シンボル

◆クラスター分析……最大ターゲットＣ１はＱが取り込む。第１象限Ｃ２が狙い目

　次に、「**ロジック３点**」セットですが、次のようになりました。

課題：いかにＣ２インサイトを捉えたブランド構築をするか

戦略：車種規定：「新世代SUV」、キャンペーンコンセプト：「Higher Vision〜一段高みの世界へ〜」

理由：Ｃ２インサイトと新車Ｘの結節点をコンセプトに

　最後に施策は、クリエイティブとメディアと販促施策に分けて整理しました。

■**クリエイティブテーマ：「スタートアップ・ストーリー」**
- スタートアッパーのライフスタイルを描く

■**メディア**
- TVと新聞でリーチ90％以上
- TV番組タイアップ
- 他全部をデジタルメディアに投入

■**販促施策**
- スタートアップとタイアップ（友達コネクト作戦）

〈 出来上がったリボンフレーム 〉

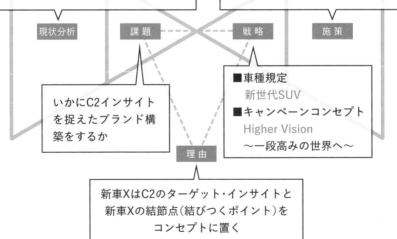

◆SUV市場の成長
- 前年比120%
- トレンド

◆ローカルブランドQのシェア拡大
- マーケットシェア35%
- 地元、低価格、販売点数が強み

◆新車Xの評価
- スペック優位
- スタイリッシュ
- グローバル定評
- 価格がやや高い

◆社会の未来化が加速
- DX、働き方改革
- スタートアップ勃興
- クルマは依然ステータス・シンボル
  ↓
  クラスター分析の結果、
  C2が有力セグメント

◆ターゲット・インサイト
- 自己実現優先
- チャレンジ志向
- クルマは成功の象徴

■クリエイティブテーマ
「スタートアップ・ストーリー」
起業家の一日

■メディア
TV＋新聞で90％リーチ
TV番組タイアップ
他はデジタルメディアに投入

■販促施策
スタートアップとタイアップ
（連続試乗会と友達コネクト作戦）

現状分析　　課題　　戦略　　施策

いかにC2インサイト
を捉えたブランド構
築をするか

■車種規定
新世代SUV
■キャンペーンコンセプト
Higher Vision
〜一段高みの世界へ〜

理由

新車XはC2のターゲット・インサイトと
新車Xの結節点（結びつくポイント）を
コンセプトに置く

8 – 54

範例④「新興国への新車X導入」の企画書
表紙

×× 自動車株式会社　御中

新車 X 導入戦略のご提案

20×× 年
株式会社○○

ここからは出来上がった企画書をプレゼン原稿と共にご紹介します。

- 株式会社○○の ×× でございます。
- 今回は、新車 X の導入プロジェクトにご提案の機会をいただき、誠にありがとうございます。
- オリエン書にもありますように、日本本社の期待も熱いとのことで、弊社としても本社と連携し本企画を練ってまいりました。
- よろしくお願い申し上げます。

8-55　範例④「新興国への新車X導入」の企画書
オリエンの確認

---

1. オリエンテーションの確認　　　1

新興国Mは、自動車メーカーにとって、地球上で残された国の中で、非常にポテンシャルの高い国である。
しかるに、弊社は本格的なローカルでの生産体制の構築に時間を要し、長らく地元の自動車メーカーの後塵を拝してきた。
この度、ようやく弊社独自のプラットフォームのもと、最新型のSUVであるXを導入できる運びとなった。本社の熱い期待もある。
価格は競合よりやや高いが、工場の供給体制も整い、販売目標は、月×千台、シェア10％と極めて高く設定した。
ついては、どのように市場導入するかの最適な戦略を提案して欲しい。
同時に、短期でなく、M国に根づく中長期にブランドの構築を考えて欲しい。
また、その際、中長期にブランドを管理するKPI指標も教えていただきたい。

プレゼン原稿

● まずは、オリエンテーションの確認でございます。
● 簡潔に整理されておりましたので、そのまま読み上げさせていただきます。

新興国Mは、自動車メーカーにとって、地球上で残された国の中で非常にポテンシャルの高い国である。
しかるに、弊社は本格的なローカルでの生産体制の構築に時間を要し、長らく地元の自動車メーカーの後塵を拝してきた。
この度、ようやく弊社独自のプラットフォームのもと、最新型のSUVであるXを導入できる運びとなった。本社の期待も熱い。
価格は競合よりやや高いが、工場の供給体制も整い、販売目標は、月×千台、シェア10％と極めて高く設定した。
ついては、どのように市場導入を図るか最適な戦略を提案して欲しい。同時に、短期でなく、中長期にM国に根づくブランドの構築を考えて欲しい。
また、その際、中長期にブランドを管理するKPI指標も教えていただきたい。

● ということでした。

8 - 56

範例④「新興国への新車X導入」の企画書

販売目標

---

2. 販売目標
2

月間 × × 千台

マーケット・シェア 10%

プレゼン原稿

- 目標設定ですが、再度確認します。
- 月間××千台、マーケットシェア 10% を達成するプランとして考えてまいりました。

8 – 57 範例④「新興国への新車X導入」の企画書
現状分析①

2－1. 現状分析①

3

SUV 市場の成長

- 上期は落ち込んだものの、下期に入って前年トレンドをキャッチアップし、年トータルで前年比102% で推移
- 中でも、SUV 市場の伸びは顕著で、50万台前年比120%

ローカルブランドQ のシェア拡大続く

- 18 万台マーケット・シェア35％に到達
- 地元伝統ブランドとしての知名度、販売店数、低価格が強み
- 他の競合のシェアは低く、群雄割拠状態

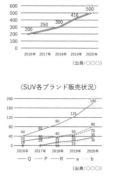

〈SUVの販売推移〉

（出典：○○○）

〈SUV各ブランド販売状況〉

（出典：○○○）

プレゼン原稿

- 最初に市場環境分析でございます。
- M国でもコロナ禍の影響で上期は落ち込みましたが、下期に入ってからは前年トレンドをキャッチアップし、年トータルで前年比102% で推移しました。
- 中でも、SUV 市場の伸びは顕著で、前年比120% を達成する勢いです。
- SUV は悪路走破性に優れ、M国にマッチしていると同時に、世界的にも流行しているファッション性が受けています。
- その中で、メインプレイヤーは、地元メイク※のQ で、メーカーの知名度と全国の販売店数の多さ、さらに SUV 市場で相対的に低価格であることから、販売を伸ばしており、マーケット・シェア35％を超えました。その他は群雄割拠の状況です。
※地元メーカーのこと。

8 – 58　範例④「新興国への新車X導入」の企画書
現状分析②

2－2. 現状分析②　　　　　　　　　　　　4

新車Xの評価

- 各種スペックで他社を上回る
- スタイリッシュ
- 日系品質、グローバル定評
- 価格帯はやや高め

社会の未来化が加速

- 働き方改革や DX（デジタル・トランスフォーメーション）化が進展
- スタートアップ勃興、デジタル産業への転職シフト進む
- クルマは依然ステータス・シンボル（新車比率が7割を占めている）

〈新車Xの評価ポイント〉

- スペックは競合優位
- スタイリングの評価が高い
- 日系の品質、グローバルの定評感
- 価格帯はやや高め

出典:弊社デプスインタビューより

〈社会構造の転換〉

- 地元紙によると、社会構造の転換進展
- テレワーク進む
- 転職市場活況、IT、デジタル系へ大量シフト
- 起業数が劇的に増加

出典:○○news paper

〈クルマのパーセプション〉

- クルマはステイタス
- クルマ保有は家族の憧れ
- 新車の購入が目標
- クルマは自己表現できる

出典:弊社デプスインタビューより

プレゼン原稿

- 次に、新車Xの評価でございますが、スペック比較を通じて分析しても、競合車にそん色なく、エンジン性能、前方座席の視認性など全般的に上回っております。
- また、後ほど紹介しますが、デプスインタビューを行って評価させた結果、特に、スタイリングの評価が高く、また日系メーカーの品質とグローバルでの定評を評価されておりました。その分、価格帯はやや高めになっております。
- 一方、M国の社会情勢ですが、コロナ禍でDX化が進展し、中間層の働き方改革や数多くのスタートアップの勃興を含め、デジタル産業、IT産業への転職シフトが急激に進んでいます。
- 購買対象であるターゲットのクルマのパーセプション（認識やイメージ）ですが、デプスインタビューから、自家用車の保有は依然として憧れであり、ステータス・シンボルです。これは、自家用車の新代増比率でも、新規が7割を占めていることからも言えます。

8−59

範例④「新興国への新車X導入」の企画書
現状分析③

2−2. 現状分析③

5

クラスター分析結果

- 左下Ｃ１が 40% を占める。競合ブランド
  Ｑはこの層を取り込んでいると考えられる
- さらに左下Ｃ３は 20%。現地メーカーの競
  合がこの層を取り込む。
- 右上Ｃ２は 25%。外資系の２つのブランド
  が同層を取り込む

〈クラスター分析結果〉

自己実現志向

C4　　　外資a　C2
　　　　　　　　25%

C1
40%　Q

地元R
C3　　地元P　　　C5
20%

家族志向

出典：弊社定量調査より

デプスインタビュー結果

- Ｃ１は家族志向で堅実派
- Ｃ３はより保守的な人たち
- Ｃ２は社会の変化に適応しようとするチャ
  レンジ精神のある人たち
- 新車Ｘの反応はＣ２が最も良かった

〈デプスインタビュー結果〉

クラスター	インサイト
C1	家族が第一 ・安定した職業について、子供の教育に熱心 ・クルマはステータスが、家族と乗れる実用性重視
C2	自己実現志向 ・家族が大事だが、ビジネスで成功志向が強い ・クルマはステータスで、自分を表現する手段
C3	大家族志向 ・質素を尊び、堅実に暮らすのを良しとする ・クルマは大家族が乗れる利便性重視

出典：弊社デプスインタビューより

プレゼン原稿

- さて、このような環境の中で、新車Ｘは、市場ターゲットのどこを狙うべきかについ
  ての分析をしてまいりました。
- まず、弊社の定量調査を基にクラスター分析を行い、SUV カテゴリーのターゲッ
  トの分布を調べました。
- 結果はこのような図になりました。横軸が買い方の判断軸で、左が rational
  purchase（理性重視）、右が emotional purchase（感性重視）になります。
- 一方、縦軸はターゲットがクルマに求めるもので、上が Self-fulfillment（自己実現
  志向）、下が Family oriented（家族志向）です。
- その中、最もボリュームの大きいターゲットはＣ１で中央左下に位置し、市場の
  40% を占めます。競合ブランドＱはこの層を取り込んでいると考えられます。
- 次に大きいのはＣ２で右上に位置し、市場の 25% を占めております。同層は外資
  系の２つのブランドが取り込んでいると思われます。
- そして３番目に大きいのがＣ３でＣ１のさらに左下に位置し、20% を占めます。
  この層は地元のブランドが取り込んでいます。
- これを受けて、各クラスターの典型的な人たちを集めて、デプスインタビューを

実施しました。
- その結果、C1 は家族志向の堅実な人たちで、どちらかと言うと保守的な考え方の層です。C3 はさらに保守的で大家族志向の人たちです。
- 一方、C2 は社会の変化に適応しようとするチャレンジ精神のある人たちで、いずれ起業したいという人たちも多かったです。
- また、新車 X の写真を見せたところ、最も反応した人たちでもあります。

8-60 範例④「新興国への新車X導入」の企画書
課題

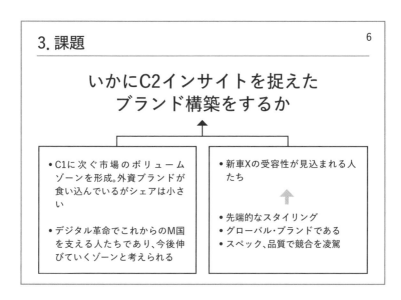

3. 課題　6

いかにC2インサイトを捉えた ブランド構築をするか

- C1に次ぐ市場のボリュームゾーンを形成。外資ブランドが食い込んでいるがシェアは小さい
- デジタル革命でこれからのM国を支える人たちであり、今後伸びていくゾーンと考えられる

- 新車Xの受容性が見込まれる人たち
- 先端的なスタイリング
- グローバル・ブランドである
- スペック、品質で競合を凌駕

プレゼン原稿

- そこで今回の狙うべきターゲットですが、分析結果からも、C2が最も有力となります。
- その理由として、第1にC1に次ぐ市場のボリュームゾーンを形成しており、かつ外資ブランドが食い込んではいるがシェアは小さいこと
- 第2に、同層は、デジタル革命でこれからのM国を支える人たちでもあり、今後伸びていくゾーンと考えられるからです。
- さらに、新車Xの受容性が見込まれる人たちだからです。XとQとの最も大きな違いはスタイリングです。
- 最先端でグローバルな志向を受けていますので、自家用車の保有がまだステータス・シンボルであるM国で、Xはチャレンジする人たちのステータス・シンボルになる可能性があるからです。
- すなわち、今回は、いかにC2のインサイトを捉えたブランド構築を行うかを課題に設定しました。

8-61

範例④「新興国への新車X導入」の企画書
戦略の考え方

---

4. 戦略の考え方　　　　　　　　　　　　7

C2インサイトは、

個人志向、自己実現優先の生き方の台頭
- 元々伝統的に家族志向の根強い国
- しかし、デジタル・ネイティブ世代も 30 代まで占め、社会の価値観も変わりつつある

新しいビジネスに挑戦というチャレンジ志向が強い
- デジタルスキルを駆使して身を立てたい
- 伝統的な会社に所属するよりも、IT 系新興企業やスタートアップ、あるいは起業志向
- 新しい商売に挑戦するというチャレンジ意欲が強い

クルマはステータスを表すという考え方は健在
- グローバルで定評のあるクルマ、スタイリッシュなクルマ、最先端のクルマなどを求める

▼

C2インサイトと新車Xの結節点をコンセプトにする

プレゼン原稿

- そこでC2インサイトの深掘りをしました。
- これまで M 国は伝統的に家族志向の根強い国でした。しかし、デジタル・ネイティブ世代も 30 代まで占めるようになり、社会の価値観も変わっています。
- 具体的には、より個人志向になり、自己実現のための努力を厭わないという生き方の台頭です。
- 彼らは、デジタルスキルを駆使して身を立てようとしており、伝統的な会社に所属するよりも、IT 系の新興企業やスタートアップ、あるいは自ら起業し、新しい商売に挑戦するというチャレンジ志向が強い層です。
- また、クルマに対する考え方ですが、クルマの保有はステータスを表すという考え方は健在で、クルマは、グローバルで定評のあるクルマ、スタイリッシュなクルマ、最先端のクルマなどを求めています。
- 一方、新車 X は、この 3 つを全て満たしており、そうした彼らの潜在欲求を満たすポテンシャルを持っています。
- そこで、戦略立案のポイントは、ターゲットのインサイトと新車 X の結節点をコンセプトにするということです。

8-62　範例④「新興国への新車X導入」の企画書
戦略①車種規定

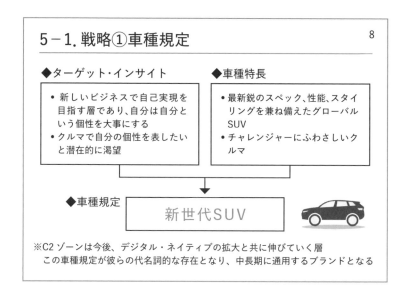

5-1. 戦略①車種規定　　　8

◆ターゲット・インサイト

- 新しいビジネスで自己実現を目指す層であり、自分は自分という個性を大事にする
- クルマで自分の個性を表したいと潜在的に渇望

◆車種特長

- 最新鋭のスペック、性能、スタイリングを兼ね備えたグローバルSUV
- チャレンジャーにふわしいクルマ

◆車種規定　　新世代SUV

※C2ゾーンは今後、デジタル・ネイティブの拡大と共に伸びていく層
　この車種規定が彼らの代名詞的な存在となり、中長期に通用するブランドとなる

プレゼン原稿

- そこで今回の戦略をご説明します。
- まず、新車Xの車種規定ですが、ずばり「新世代SUV」です。
- これまで説明したようにM国もデジタル革命進展の中、C2という新しい価値観を持ったターゲットが現れています。
- 彼らは、新しいビジネスで自己実現を目指す層であり、自分は自分という個性を大事にします。
- また、クルマはステータス・シンボルであり、クルマによってそうした個性を表わしたいと渇望しています。
- 一方、新車Xは、最新鋭のスペック、性能とスタイリングを兼ね備えたグローバルSUVであり、こうしたチャレンジャーにふわしいクルマです。
- もう一つ、C2ゾーンは今後、デジタル・ネイティブの拡大と共に伸びていく層です。この車種規定が彼らの代名詞的な存在となり、中長期に通用するブランドとなります。

8 – 63 範例④「新興国への新車X導入」の企画書
戦略②キャンペーン・コンセプト

5－1. 戦略②車種キャンペーン・コンセプト　9

Higher Vision
〜一段高みの世界へ〜

- デジタル・ネイティブを中心に価値観が急激に変化

- 彼らは一段ステップアップした世界を築こうというビジョンを保有

- 最新鋭のSUVであり、こうしたチャレンジャーにふわさしいクルマ

- 競合他社に比べて、最も視界の良い特徴を持つ

プレゼン原稿

- 次にキャンペーン・コンセプトです。
- それは、「Higher Vision 〜一段高みの世界へ〜」です。
- これまで説明したようにM国もデジタル革命進展の中、デジタル・ネイティブを中心にその価値観が急激に変わりつつあります。
- そのアティチュード（姿勢）を一言で言うと、彼らは一段ステップアップした世界を築こうというビジョンを持っているということ。言わば、Higher Vision です。
- 一方、新車 X は、最新鋭の SUV であり、こうしたチャレンジャーにふわさしいクルマです。また、SUV であること、競合他社に比べて最も視界の良い特徴を持っていることからも、Higher Vision にふさわしいクルマと言えます。
- もう一つキャンペーン・コンセプト設定で我々が留意したのは、わかりやすさです。小難しいコンセプトやキャッチよりは、聞けばすぐわかるワードが認知を加速させることができます。

8-64　範例④「新興国への新車X導入」の企画書
施策①

---

6. 施策①

10

■クリエイティブ・テーマ

「スタートアップ・ストーリー」

- ターゲットの象徴であるスタート・アッパーをモチーフに、「スタートアップ・ストーリー」を描き、新車Xの魅力をアピール
- 具体的には、オンとオフの生活シーンを切り取り、そのライフスタイルの魅力を語っていく

- では、この戦略を受けた施策の骨子についてご説明します。
- まず、クリエイティブ・テーマですが、「Higher Vision」のコンセプトのもと、ターゲットの象徴であるスタート・アッパーをモチーフに、「スタートアップ・ストーリー」を描き、このクルマの魅力をアピールしていきます。
- 具体的には、オンとオフの生活シーンを切り取り、そのライフスタイルの魅力を語ります。

第8章

4つの企画書範例 ～プレゼン原稿のレクチャー～

8 - 65

範例④「新興国への新車X導入」の企画書
施策②

---

7. 施策②

11

■メディア施策

- TV+ 新聞でリーチ 90% 以上
- その他はデジタルメディアに投入
- スタート・アッパーをテーマにした TV 番組企画

■販売促進施策

【スタートアップ友達コネクト作戦】
- スタートアップ数社のマネジメント層にXを試乗してもらい、その様子を YouTube にアップ
- また、スタートアップ友達を紹介してもらい、彼らにも試乗の輪を広げていく

プレゼン原稿

- 次に、メディア戦略と販売促進施策です。
- タッチポイント分析によると、ターゲットは、日頃からデジタルメディアへの接触率は非常に高いです。
- しかし、かと言って、TV や新聞などの従来型のマスメディアを見ないかと言うと、全く見ないという人は少数で朝夕はしっかりと接触してます。また、クルマの選択に参考するメディアとして、TV と新聞は依然として高い比率を示しています。
- そこで、今回のメディア戦略は、TV と新聞でリーチ 90% を獲得する予算を投下、その他はデジタルメディアに投入するという基本方針で作成します。
- また、スタート・アッパーをテーマにした TV 番組を企画します。
- 一方、販売促進施策として、複数のスタートアップと提携し、スタートアップ友達コネクト作戦を展開します。
- これは、スタートアップの数社のマネジメント層にXを試乗してもらい、その様子を YouTube にアップロードし、また、スタートアップ友達を紹介してもらい、彼らにも試乗の輪を広げていこうという販促施策です。

8 – 66
範例④「新興国への新車X導入」の企画書
KPI指標について

---

8. KPI指標について

12

KPI 設定の考え方として、

①KGIは販売台数ないしはマーケット・シェアであり、それに連動するもの
②コミュニケーション指標でそれと相関するものがあれば、それがKPIにふさわしい

トップ・オブ・マインド・シェア（TOM）を提案したい

• TOMは、言わばクルマ・ターゲットの頭の中でのシェアという考え方
• 測定方法は、消費者調査で、「SUVカテゴリーの中で、思い浮かぶブランド名を挙げてください」という設問をし、第1番目に挙げられたブランド名を集計する
• 他国の例では、TOMとマーケット・シェアには、ほぼ相関が認められる

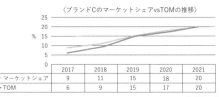

〈ブランドCのマーケットシェアvsTOMの推移〉

	2017	2018	2019	2020	2021
マーケットシェア	9	11	15	18	20
TOM	6	9	15	17	20

※KGIとは、経営目標達成指標のこと。

プレゼン原稿

• 最後にブランド管理指標の KPI に対する考え方です。
• KGI は販売台数ないしはマーケット・シェアですが、我々の管理するコミュニケーションの分野で相関するものがあれば、それが KPI にふさわしいと考えます。
• その一つに、トップ・オブ・マインド・シェア（TOM）という考え方があります。どういう指標かと言うと、クルマ・ターゲットの頭の中でのシェアという考え方です。
• 今回、X の導入に伴い、この TOM でブランドの健康診断をしていくことをお勧めします。
• 具体的に、どう測定するかと言うと、例えば、「あなたが SUV カテゴリーの中で、思い浮かぶブランド名を挙げてください」という設問をし、第 1 番目に挙げられたブランド名を集計したものになります。
• 表を見てください。これは他国の例ですが、導入以来、トップ・オブ・マインド・シェア、略して TOM を定期的に調査し、その時のマーケット・シェアと比べたものです。
• ご覧のように、ほぼ相関があることがわかります。
• 以上が、本日のご提案になります。ご清聴ありがとうございました。
• この後、質疑応答に入らせていただきます。

8 - 67

範例④資料

購入時のタッチポイント調査結果

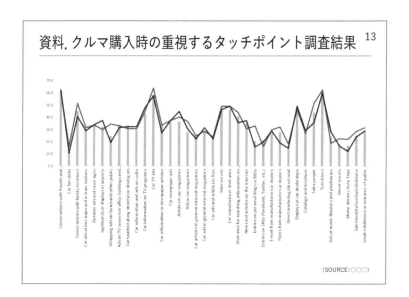

資料. クルマ購入時の重視するタッチポイント調査結果 [13]

（SOURCE：○○○）

プレゼン原稿

〈資料の解説〉

● これは、SUV購入意向者の情報収集のタッチポイントを調査したものです。
● 今回、我々はデジタルメディアに集中しますが、一方、従来型のTV広告は口コミに次いで最も高く、いまだにリーチ効果が高いことがわかります。

おわりに ～最後にとっておきのヒント～

答えのない時代に答えを出す能力を身につけよう

デジタル化とグローバル化によって、社会全体がバージョンアップする時代を迎えています。その行き先は誰も見たことのない未来です。

私たちに問われる能力も様変わりしています。AIの進化によって、比較的単純な知的労働作業はAIに代替されつつあります。人類の役割は、「新しい知恵の創造」にシフトしていくでしょう。

その流れの中、**企画はビジネス・スキルの要（かなめ）**になります。

ビジネス・スキルとは、論理立てと創造力を持って考える力、それを基に、ビジョンや構想や行動計画を打ち立てる力、その上で他人を動かす力から成り立っています。

企画、企画書、プレゼンはそのうちの多くの要素を占めています。また、グループ作業も多く、その音頭を取ることでリーダーシップも磨かれます。

世の中は、終身雇用が崩れ、転職、複職の時代を迎えます。その時、**どこへ行っても通用するスキルが最も大事なのは言うまでもありません。企画力は業界、業態を問わないコアスキルです。**

では、そうした真の企画力を磨くには、どうしたら良いのでしょうか。

その一つは、冒頭にも申し上げたように、**型や演出より中身をつくる力をつける**ことです。

本書では、**企画書は戦略が要（かなめ）**であり、**戦略プラニング力を身につけることが最も大事**と述べました。

そして同時に、**課題の設定も大事**と説きました。言ってみれば、**答えのない時代には「良い問い」の設定次第で戦略が左右される**からです。

さらに本書は、企画、企画書、プレゼンを一体と考えスキルを伝授するもの

ですが、この作業には、思考の行ったり来たりを厭わないこと。要するに**その都度、頭を使うことが必要**と説きました。そして、体験を重ねれば重ねるほどこのスキルが磨かれていきます。

もう一つは、**絶えず学ぶ姿勢**です。

つまり、その都度現れる新しい企画業務に対し、毎回、新鮮な気持ちで立ち向かうことが、あなたの脳をバージョンアップさせる企画力アップの訓練にもなるのです。

その時に必要なのは、パッションです。

企画し、企画書をつくり、プレゼンをする。それを一貫してやり遂げようとする強い意志が実は一番大事なのです。

あなたも本書で、是非この思考習慣を身につけて、新しい世の中に立ち向かっていってください。

最後の最後に──とっておきのヒント

今やスピードの時代です。

書籍の分厚いものは全部は読まない。あるいは、必要なところだけ読む。という人も多いのではないでしょうか。事実私もそうです。

一方、著者の立場から言えば、抜け漏れなく書き尽くそうと努力したので、全部読んでもらいたいのはヤマヤマです。

がしかし、こういう時代ですから、ここだけは読んで欲しいという箇所を指摘するのも今風で、著者ならではの特権かなと思います。

そこで、長年この仕事をやってきた経験者として、**最後の最後に**、私が本書の中でも、**是非読んで欲しいところ、身につけて欲しいポイントを紹介して終わりにしたいと思います。**

テーマは、**「いかにスピーディーに中身のある企画書を仕上げるか」**です。その一点に絞って、とっておきのティップスを披露しましょう。

それは次のようなものです。

1. 「まず、リボンフレームの両端を埋めてしまえ」ということです。
   - これは、リボンフレームのステップ1です。企画作業の初動でお勧めしたポイントですね。
   - 第2章8（92頁）、第3章2～（116頁~）を参照。

2. 「次に、ロジック3点セットをこれだと決めてしまえ」ということです。
   - これは、リボンフレームのSTEP2とSTEP3です。中核部分ですね。
   - 序章6（27頁）、第3章5（122頁）を参照。

3. 「そして、完成したリボンフレームの文言を一旦企画書にコピペせよ」ということです。
   - その前に施策の精緻化はしておいてくださいね。
   - 第3章11（134頁）、第5章1（198頁）を参照。

4. 「そして、それを基にプレゼン原稿を先に書いてしまえ」ということです。
   - 実は、ここが最も言いたいことです。
   - 第4章27（193頁）を参照。

5. 「最後は、プレゼン原稿を企画書本体にコピペし、整える」です。
   - 最初にコピペしたリボンフレームの文言は一旦消去して構いません。そして上記作業の後、文章の簡略化、キーワード化など、企画書風に整えます。
   - 第4章28（195頁）を参照。

以上をマスターすれば、間違いなく中身のある企画書がものすごくスピーディーにできます。

(1) リボンフレームの
両端を埋める

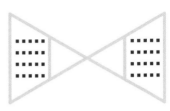

(2) ロジック3点セット
を決める

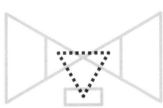

(3) 完成したリボンフレーム
の文言を一旦、企画書に
コピペ

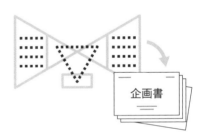

企画書

(4) プレゼン原稿を先に
書いてしまう

プレゼン
原稿

企画書

(5) プレゼン原稿を企画書本体に
コピペし、企画書言葉に変える

コピペ

プレゼン原稿

アレンジ

謝　辞

　本書を上梓するにあたっての私の思いを書きます。

　それは、ビジネスはプレゼンでできているわけではないということです。プレゼンは伝える技術としてもちろん重要ですが、それより何を伝えるのかの「何を」が最も重要です。

「何を」とは企画そのもののことです。ビジネスは企画でできているのです。

　ですからビジネスマンとしての真の実力を身につけるには、この企画力をつけることから始めよということ。

　この本で言いたかったのはそういうことです。

　本書の全体的なトーン＆マナーとして、コクもあり、キレもあるものを目指しました。

　コクとは、内容が濃い。何回読んでも参考になること。

　例えば範例は、普通汎用性のある抽象的なものになりがちですが、できるだけ現実に近い迫真力のあるものをつくろうと努力しました。

　キレとは、ロジックがクリアでわかりやすいこと。知りたい部分がすぐわかること。当然ながら、リボンフレームとロジック3点セットを、図示も含めていかにわかりやすく伝えるか。そのための事例をどう選定するかに腐心しました。

　本書の出版にあたって、アップルシードエージェンシーの中村優子さん、日本実業出版社の中尾淳さん、フリーランスの山本櫻子さん、デザイナーの初見弘一さんには、大変お世話になりました。

　特に中尾さんには、全体の監修から細かい部分の修正まで、本当に最後の最後まで親身になってやっていただきました。この場を借りて、厚く御礼申し上げます。

　最後に、本書の活用法として、「リボンフレーム×ロジック3点セット」を元に、実践研修を行うと一層効果的だとお伝えしておきます。

　と言うのも、本書は筆者の国内外での数々の研修をベースに膨らませたものでもあるからです。

　本書をご購入してくれたあなたが企画書、プレゼン業務が発生した時に、立ち戻る先の一つになってくれることを願って。

須藤 亮（すどう りょう）

マーケティングプランナー／株式会社TOM代表取締役社長。
1980年早稲田大学法学部卒。博報堂で、35年間マーケティング職、ス
トラテジックプラニング職として、トヨタ自動車、花王、KFC、JT、味の素、
全日空、マクドナルド、アステラス製薬などのクライアント企業を担当。途
中、日本リーバ〈現ユニリーバ・ジャパン〉にアイスクリームのブランドマ
ネージャーとして2年間出向。2001年よりタイのバンコクを皮切りに海
外赴任生活に入る。タイのバンコクに博報堂アジア・ブランディング＆ソ
リューション事務所を立ち上げ、その後、香港、広州、北京と渡り歩い
た。博報堂での後半15年はトヨタ自動車をクライアントとし、電通との一
騎打ちに奔走。博報堂のトッププレゼンターとして活躍。2013年帰国。
2015年に博報堂を退社し、（株）TOM（トップ・オブ・マインド）を設立。
（株）本TUBE取締役。さまざまな企業の実践マーケティング、ブラン
ディング、コミュニケーション戦略プラニングなどのコンサルティングや地
方創生事業などに従事。著書に『博報堂で学んだ負けないプレゼン』
（ダイヤモンド社）、『スマホメモ〜仕事と人生の質を上げるすごいメモ
術』（CCCメディアハウス）がある。

株式会社TOMホームページ　http://topofmind.co.jp

トッププレゼンターが教える「企画書とプレゼン」実践講座

2021年10月10日　初版発行
2024年 9 月10日　第2刷発行

著　者　須藤　亮　©R.Sudo 2021
発行者　杉本淳一

発行所　株式会社日本実業出版社　東京都新宿区市谷本村町3-29 〒162-0845

　　　　編集部 ☎03-3268-5651
　　　　営業部 ☎03-3268-5161　　振　替　00170-1-25349
　　　　　　　　　　　　　　　　　https://www.njg.co.jp/

印刷・製本／新日本印刷

ISBN 978-4-534-05880-5　Printed in JAPAN

下記の価格は消費税（10%）を含む金額です。

担当になったら知っておきたい 「プロジェクトマネジメント」 実践講座

目標を自ら設定し、期限内に自らコントロールして達成する活動（プロジェクト）する能力【プロジェクトマネジメント】は注目度が高い。本書は具体的知識とツールを、「目標設定」「計画」「実行」の3つの視点で解説する。ISO21500：2012に準拠！

伊藤大輔・著
定価 2420 円（税込）

担当になったら知っておきたい 「販売促進」実践講座

販促の「基本」「目標設定」「計画」「実行（販促手法）」「評価・改善」を実践に即して解説。「直接的な販促」「媒体による販促（新規顧客向け）」「同（既存顧客向け）」「イベントによる販促」「HP、ブログ、SNSなどネットによる販促」等に完全対応！

岩本俊幸・著
定価 2530 円（税込）

必ず成果につながる 「商品ブランディング」 実践講座

第一人者が商品を中心にブランディングを解説する決定版。ブランディングに関わる人や導入しようとしている人等に向けて、実践的な知識と実務を体系立てて解説。「1項目見開き」で右ページに写真や図などを掲載しビジュアルで理解。特設HPも開設。

村尾隆介・著
定価 2640 円（税込）

定価変更の場合はご了承ください。